JN116884

CONTENTS

Success15 4

http://success.waseda-ac.net/

サクセス15
April 2020

02 特集 1 どうなる？　こうなる！
東京都の中学校英語スピーキングテスト
33 東京都教育庁・瀧沢指導推進部長に聞く

12 特集 2 知っているようで知らない日本
北と南を旅して学ぼう

18 Special School Selection
筑波大学附属高等学校

28 公立高校WATCHING
東京都立国際高等学校

74 その研究が未来を拓く
研究室にズームイン
「はやぶさ2」に搭載した「光学航法カメラ」の研究
立教大学　亀田 真吾 教授

Regulars

09 「使える英語」で君はどう変わるか
24 受験英語×オンラインレッスン
早稲田アカデミーの新しい英語教育が始まる
48 突撃スクールレポート
國學院高等学校
50 あの学校の魅力伝えます
スクペディア
・専修大学附属高等学校
・東京純心女子高等学校
・鶴見大学附属高等学校
54 高校教育新潮流
「国際バカロレア」ってなに？
56 和田式受験コーチング
58 高校受験質問箱
60 レッツトライ！　入試問題
62 中学生の未来のために！
大学入試ここがポイント
64 東大入試突破への現代文の習慣
68 こちら東大はろくま情報局
70 キャンパスデイズ十人十色
81 ちょっと得する読むサプリメント
82 なぜなに科学実験室
86 マナビー先生の最先端科学ナビ
88 ミステリーハンターQの
タイムスリップ歴史塾
89 ピックアップニュース！
90 思わずだれかに話したくなる　名字の豆知識
92 サクセス映画館
93 サクセス印のなるほどコラム
94 数学ランドへようこそ
98 Success Book Review
99 行って、見て、楽しむ　イベント掲示板
100 解いてすっきり　パズルでひといき
102 読者が作る　おたよりの森
103 編集後記

表紙：筑波大学附属高等学校

どうなる？　こうなる！

東京都の中学校英語スピーキングテスト

都立高校で、２０２２年度入試から結果の活用が予定されている「英語スピーキングテスト」について、導入の経緯や、どのようなテストなのか、いつ実施されるのかなど受検に向かう中学生のみなさんに知っておいてほしい情報を、いまの時点でわかっていることを中心にお伝えします（２月２０日現在）。

〈関連記事33ページ〉

スピーキングテストを なぜ、いま導入するのか

２０２０年度から、小学校５・６年に教科「英語（外国語）」が誕生します。小学校の学習指導要領が改訂され、全面的に実施されるためです。

来年には中学校の、再来年には高校の、学習指導要領も変わります。

小、中、高は別々の学習指導要領になりますが、英語では小、中、高３つの年代を貫く指針が掲げられています。

- **「読む」「書く」「聞く」「話す」の４技能をバランスよく学ばせること**
- **小、中、高校の学習を円滑に接続させる**

東京都の どうなる？ こうなる！ 中学校英語スピーキングテスト

こと

一方、東京都教育委員会では、２０１３年に「東京都英語教育戦略会議」を設置し、英語教育に関する多くの事業を行っています。

例えば、高校では、「東京グローバル10」の10校と「英語教育推進校」の全40校へのJETプログラムによる語学指導助手の複数配置や、そのうちの22校でのオンライン英会話の実施などを通して、英語教育の強化を進めてきました。

２年前、都が示した、「東京グローバル人材育成計画'20（Tokyo Global STAGE '20）」には「使える英語力の育成」、「豊かな国際感覚の醸成」、「日本人としての自覚と誇りの涵養」を柱とし、英語教育においては、小学校から高校まで一貫した英語教育の充実をめざしていくとあります。

このような土台のうえにいま、都立高校入試に「英語スピーキングテスト活用」を導入すれば、小、中、高校の英語教育において４技能をよりいっそうバランスよく育成することが期待されます。

新しい学習指導要領の実施と、東京都での「英語スピーキングテスト」の導入は、これまでの英語教育を、根底から作り替えることになりそうです。

４年後の大学受験に向けて 中学生に必要な英語の学び

大学入試では来年度、「大学入学共通テスト」がスタートします。英語では、民間試験の導入が延期となりましたが、「４技能を問う」という基本方針は変わっていません。来年度からは、これまでの「リーディング２００点、リスニング50点」から「リーディング１００点、リスニング１００点」と、リスニングの比重が大きくなります。

改編される大学入試では、都立高校からの受験生は苦戦を強いられるかもしれません。

というのは、以下のような調査が示されているからです。

併設型の都立中高一貫教育校で、高校３年時の英検２級の取得率について、内進生と高入生を比べると、内進生が高入生の約２倍*に上っていた、という調査です。

リスニングやスピーキングの力は、中学校段階の授業時数が少ない方が、かなり不利になるようです。

併設型の中高一貫教育校とは、中学から入学して６年間学ぶ生徒（内進生）と、その学校に途中から入学して３年間学ぶ生徒（高入生）がいっしょに勉強している学校のことです。

＊…都立中高一貫教育校検証委員会報告書 57ページ 図表51「実用英語技能検定取得率の状況（併設型高校における内進生・外進生比較）」

英検２級の取得というバロメーターでみると、その差は中学時代についているということがみえてきます。

公立の中高一貫教育校で、このような調査結果が出ているということは、私立の中

■英語に力を入れている都立高校

	東京グローバル10	英語教育推進校
進学指導重点校	日比谷、西	戸山、青山、立川、八王子東、国立
進学指導特別推進校	国際	小山台、駒場、新宿、町田、国分寺、小松川
進学指導推進校		三田、竹早、墨田川、城東、武蔵野北、小金井北、調布北、日野台、多摩科学技術
中高一貫校	小石川、三鷹、立川国際	桜修館、南多摩、白鷗、武蔵、両国、富士、大泉
その他	深川、小平、飛鳥、千早	上野、昭和、小岩、狛江、松が谷、保谷、翔陽、大田桜台、杉並、成瀬、府中、福生、羽村

高一貫教育校の生徒についても同じように英語の得点を伸ばし、改められる大学入試で公立・私立中高一貫教育校の生徒の方が、高校だけで勉強をしてきた生徒より高得点をマークして実績を伸ばす可能性があるということになります。

では、どうしたらいいのでしょうか。

公立中学の生徒も、中学での勉強のなかで、もっともっと英語の実力をつけておかなければならないというのが、その答えだということはおわかりでしょう。4年後の大学受験を考えたとき、公立中学の生徒もリスニングやスピーキングの力を鍛えておくことは、とても大事なことです。

東京都での「英語スピーキングテスト」の導入は、このような実態のうえに練られてきたものだということも理解しておきましょう。

英語スピーキングテストはいつから、どこの学校で？

「英語スピーキングテスト」は2019年度から2023年度までの期間は「中学校英語スピーキングテスト Supported by GTEC」と称し、この4月で中学2年に進級する生徒が、高校入試に臨む2021年度から実施される予定です。

「英語スピーキングテスト」は都立高校一般入試より約3カ月前の2021年11～12月の土、日（初年度は、下のカレンダーの赤い地色の日）のいずれかの日に行われる、と発表されています。

また、それに加え、インフルエンザ等を罹患した生徒のための予備日を設定する予定です。

英語の学力検査を行うすべての都立高校で、「英語スピーキングテスト」の結果を活用する予定としています。

私立や国立、他県や海外の中学校等から都立高校を受検する生徒への対応は検討中です。

実施が予定されている期間は、公立中学では2学期の期末試験の直後です。中学3年生には、確定した内申から私立推薦入試の利用を決める大事な時期にあたります。

私立推薦を選んだ生徒が「英語スピーキングテストは受けたくない」などと言い出しかねませんが、東京都では「都立高校に進学する・しないに関係なく、中学で学んだ『話す』ことの成果を測り、現状を把握するという趣旨から公立中の3年生は全員が受験という方針です。また、私立の中学校や高校にも活用していただけるような仕組みにしたい」としています（42ページ、瀧沢佳宏 東京都教育庁指導部指導推進担当部長インタビュー参照）。

昨年発表された入試に関する検討委員会の報告書には、「やむを得ない事情により不受験となったことによって都立高校入試に際して不利な状況が生じないことを前提としたうえで、意図的に受験しなかった生徒が有利になることが起こらないような方法等について、引き続き検討する」とあります。今後発表される検討結果については、注視していく必要がありそうです。

■カレンダー
2021年11～12月

日	月	火	水	木	金	土
14	15	16	17	18	19	20
21	22	23	24	25	26	27
28	29	30	1	2	3	4
5	6	7	8	9	10	11
12	13	14	15	16	17	18

都立高校の入試にはどう反映されるのか

「英語スピーキングテスト」は、都内の

東京都の 中学校英語スピーキングテスト

どうなる？ こうなる！

■英語スピーキングテスト導入のスケジュール

年度	2020 年度	2021 年度以降
種類	確認プレテスト	英語スピーキングテスト
対象	都内公立中学校 第３学年全生徒（約８万人）	都内公立中学校第３学年全生徒および 都立高等学校入学者選抜受検予定者
入学者選抜への活用		原則として 2022 年度都立高等学校入学者選抜においてテスト結果を活用（予定）

例示 英語スピーキングテスト結果を学力検査の得点に加える方法２案
(スピーキングテストの満点を 20 点と仮定した場合を例示している)

方法Ａ〔英語学力検査の満点の中に含める方法〕

英語以外の４教科　400点 → 560点
英語　聞く力、書く力、読む力 80点 ＋ 話す力 20点　100点 → 140点
換算　合計 700点

方法Ｂ〔英語学力検査の満点の外に加える方法〕

英語以外の４教科　400点 → 560点
英語　聞く力、書く力、読む力 100点 ＋ 話す力 20点　120点 → 140点
換算　合計 700点

大学等の会場で検定試験のような形で行われます。受験者は１人ひとりに配られたタブレット端末に、解答を吹き込み、録音された音声が採点されます。

都立高校を受検する生徒は、一般入試の出願前に「英語スピーキングテスト」の得点がわかることになります。

得点は、現在のところ、学力検査の得点に外づけされることが検討されています。入試に関する検討委員会の報告書には、テスト活用の仕方に、A、B２つの方法が出ています。上の図に例を示しました。

テストの得点を仮に20点満点とした場合、方法Aでは、これまでの「読む」「書く」「聞く」の３技能を測る問題を80点にまとめ、これに「話す」問題を加えて１００点満点とします。

これに対して、方法Bでは３技能は１００点のままで、「話す」問題を外からつけ足して、１２０点満点とします。

方法Bでは英語の満点が１００点を超えており、他の４教科とそろわないようにみえますが、１２０点を１４０点に換算するので、他教科との比重は同じです。

方法Aと方法Bで異なるのは、「英語スピーキングテスト」の得点の全体に占める割合です。

方法Aでは20点÷１００点で20%ですが、方法Bでは20点÷１２０点で16・７%と、方法Aと比べると少し軽くなります。

スピーキングを得意とする生徒にとってはどちらかといえば方法Aが歓迎でしょう

リラックスして
スピーキングすることが
コツなんじゃよ！

が、方法Bでも16・7%という割合は決して低くはありません。

現在検討されている「20点」という数字はあくまでも例示ではありますが、方法Aと方法Bのどちらにしても、スピーキングの成果を評価されることになります。

英語スピーキングテストは、東京都教育委員会と協定を結んだベネッセコーポレーションが実施します。

このテストの問題は東京都教育委員会の監修のもとに作成されます。

受験料は、都内公立中学校に在籍している3年生の生徒については、都が負担する予定です。

スピーキングテストでは どんな問題が出題される？

ここからは昨年に行われたプレテストの問題を紹介しましょう。

問題はPart AからPart Dまで大きく4つに分かれています。

Part Aでは、40語程度の短い英文を、声を出して読み上げる問題が、2問出題されています。各設問の準備時間は30秒、解答時間も30秒です。設問には「聞いている人に伝わるように、英文を声に出して読んでください」とあります。

採点基準には「発音・流ちょうさ」「言語使用」「コミュニケーションの達成度」の3つの観点があります。

読み上げ問題のPart Aでは、「発音・流ちょうさ」だけが問われます。得点には表で示すような得点段階（( )内の数字）があります（下表参照）。

表にみられるように採点基準は細かく示されていて、公平な採点を行うため、採点は十分なトレーニングを受けた人がすることになると思われます。

「発音・流ちょうさ」については、Part C、Part Dも同様の採点基準です。

Part Bは全部で4問で、画面を見て英語で答える問題です。自分自身のことを述べる問題と、与えられた情報をもとに答える問題が各2問あり、採点基準には「問題趣旨に沿って解答できていれば、解答は単語・センテンスのどちらでもよいとする」とあるので、難度としては易しい方といえそうです。

Part B～Dの問題では解答内容を

■2019年度プレテスト「発音・流ちょうさ」採点基準（Part A, Part C, Part D）

× (0)	・求められている解答内容から明らかに外れている。 ・英語ではない、あるいは、英語として通じない。 ・力を測るための十分な量の発話がない。
△ (1)	・発音、語や句、文における強勢、イントネーションやリズムが、母語の影響を非常に強く受けている。 ・簡単な単語や語句の強勢は適切であるが、全体を通して発音の誤りが生じ、抑揚がほとんどない。 ・不自然な間（ま）や沈黙が多かったり、話についていくのが難しいほど沈黙が長かったりする。言いよどみが多い。
○ (2)	・発音、語や句、文における強勢、イントネーションやリズムが、母語の影響を強く受けている。 ・発音は概ね理解できるが、強勢、リズムや抑揚が、聞き手に混乱をもたらすことがある。 ・不自然なところに間（ま）や沈黙があったり、不自然に長かったりするが、話についていくことは可能な程度である。言いよどみがある。
◎ (3)	・発音、語や句、文における強勢、イントネーションやリズムが、母語の影響を受けている場合があるが、概ね正しい。 ・発音は概ね正しく、強勢、リズムや抑揚が、聞き手に混乱をもたらすことはない。 ・言葉や言い回しを考えたり、言い直したりするために、間（ま）を取ることがあるが、発話中の間（ま）は、概ね自然なところにあり、不自然に長くない。

Part A（読み上げ）

【No.1】

あなたは留学中です。今、あなたは学校のクラスで、あなたが初めて留学先の国に到着したときのことについて話すことになりました。次の英文を声に出して読んでください。

（準備時間３０秒／解答時間３０秒）

No. 1

Have you been to a different country? On my first day here, I was sad because I couldn't see my family, but I met some new friends on the next day. Everyone was really kind to me. So, I felt better.

Part B（英問英答）

【No.4】

あなたは留学中です。今、あなたは先生に頼まれて転校生に学校を案内しています。転校生からの質問に対して、画面上のフロアマップをもとに、英語で答えてください。

（準備時間１０秒／解答時間１０秒）

Question: Where is the library?

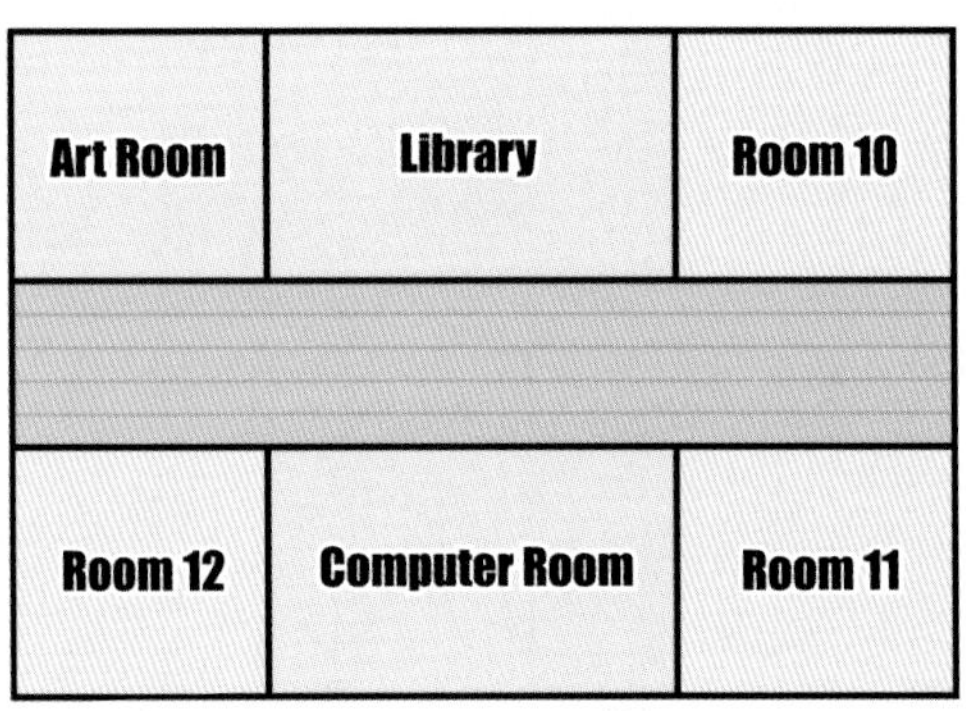

［Part B 解答例］
【No. 4】
It's between the art room and room 10.

問われるため、「コミュニケーションの達成度」の観点が加わりますが、設問を理解して答えていれば、この観点の評価も高くなるでしょう。

Part Cはイラストを見てストーリーを考え、英語で表現する問題、Part Dは自分で考えた答えにそう考えた理由までつけ加えて英語で表現する問題です。どちらも難易度の高い問題のように思うかもしれませんが、中学校で学んだことを身につ

2019年度 プレテスト「コミュニケーションの達成度」採点基準（Part B, Part C, Part D）

	×(0)	○(1)	
Part B	・各設問の問いかけに応じた内容を伝えることができていない。	・各設問の問いかけに応じた内容を伝えることができている。	※問題趣旨に沿って解答できていれば、解答は単語・センテンスのどちらでもよいとする。
Part C	・各コマのイラストの内容（事実）を伝えることができていない。	・各コマのイラスト（事実）の内容を伝えることができている。	※各コマのイラストについて判断する。
Part D 意見	・意見（自分の考え）を伝えることができていない。	・意見（自分の考え）を伝えることができている。	
Part D 理由	・意見（自分の考え）をサポートする理由を伝えることができていない。	・意見（自分の考え）をサポートする理由を伝えることができている。	

■ 2019 年度 プレテスト「言語使用」採点基準（Part C, Part D）

× (0)	・求められている解答内容から明らかに外れている。 ・英語ではない、あるいは、英語として通じない。 ・力を測るための十分な量の発話がない。
△ (1)	・語彙や文構造及び文法の使い方に誤りが非常に多い。 ・使用している語彙や簡単な表現の幅が限られているが、簡単な接続詞を使って、単語や語句をつなげることができる。 ・簡単な事柄なら言い表すことができる。
○ (2)	・基本的な語彙や文構造及び文法の使い方に誤りが多い。 ・使用している語彙や文法の幅が限られているが、簡単な接続詞を使って、アイデアをつなげたりすることができる。 ・簡単な描写を羅列することができる。
◎ (3)	・基本的な語彙や文構造及び文法の使い方が正確である。 ・複雑な内容を説明するときに誤りが生じるが、幅広い語彙や文法を使用し、アイデアを伝えることができる。 ・簡単なアイデアを順序立ててつなげることができる。
◎ ◎ (4)	・語彙や文構造及び文法の使い方が非常に正確であり、誤解を生むような文法の誤りや、コミュニケーションを阻害するような語彙の誤りもない。 ・豊富で幅広い語彙や文法を、柔軟に使用することがでる。 ・アイデア間の関係性を整理して伝えることができる。

Part C

Part Cは４コマイラストの問題です。これから画面に表示される１コマめから４コマめのすべてのイラストについて、ストーリーを英語で話してください。はじめに準備時間が３０秒あります。解答時間は４０秒です。

録音開始の音が鳴ってから解答を始めてください。

あなたは、昨日あなたに起こった出来事を留学生の友だちに話すことになりました。イラストに登場する男の子になったつもりで、相手に伝わるように英語で話してください。

（準備時間３０秒／解答時間４０秒）

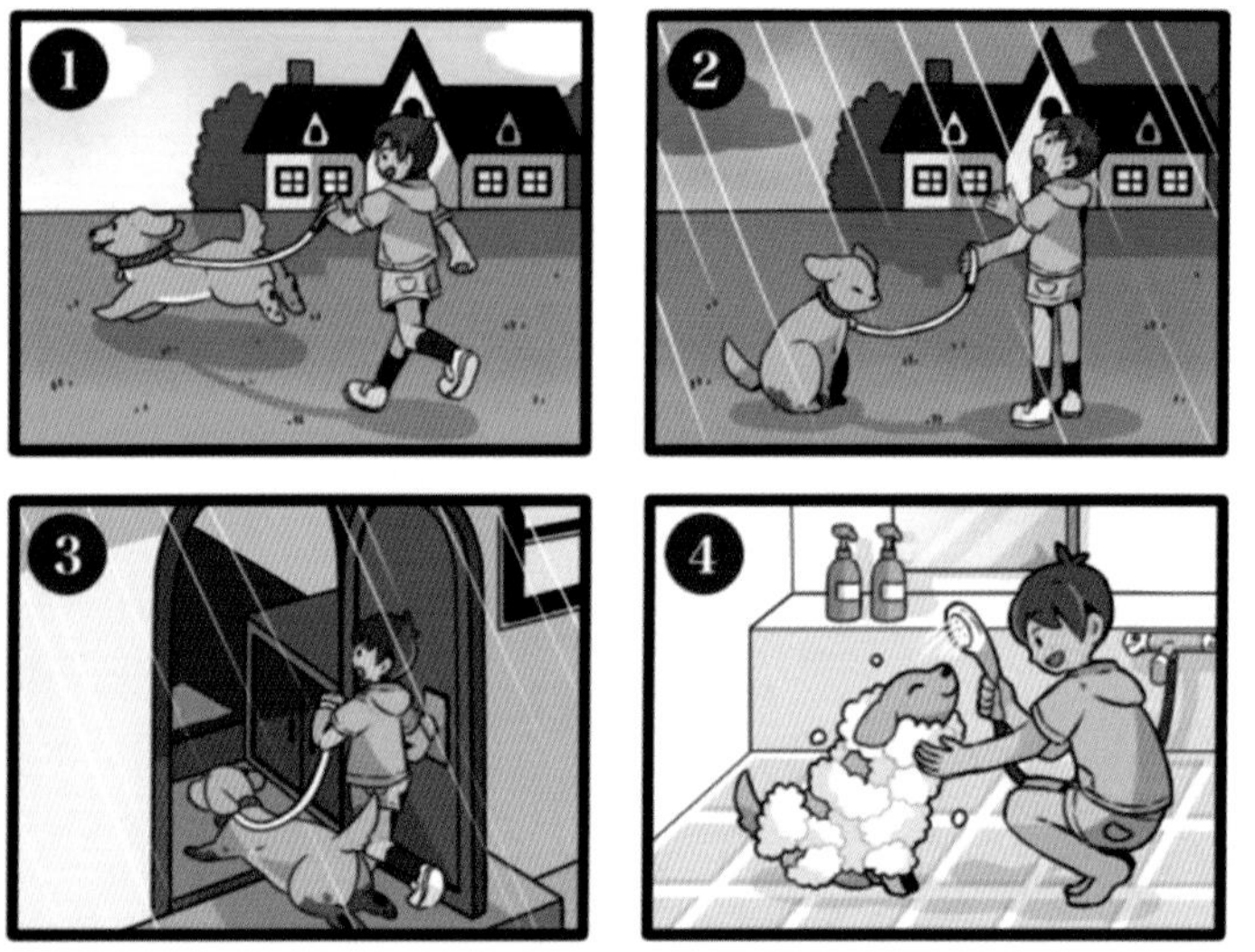

Part C 解答例
I was walking with my dog. Then, it started raining.
So, we went into my house. After that, I washed my dog.

Part D

Part Dは、質問に対して、自分の考えとそう考える理由を英語で述べる問題です。はじめに準備時間が１分あります。解答時間は４０秒です。このPartには例題はありません。

録音開始の音が鳴ってから解答を始めてください。

あなたは英語の授業で、次の質問に対する自分の考えと、そう考える理由を発表することになりました。聞いている人に伝わるように話してください。

（準備時間１分／解答時間４０秒）

> What is your favorite thing to do in the evenings? Choose one thing and explain why.

Part D 解答例
I like to watch the sky in the evenings because it is very beautiful.
I like to find the first star that is seen in the evening sky, too.
If I can do it, I feel really happy.

けていれば、適切に対応できる問題です。

これらプレテストの内容や採点基準を見ても、これから中学校で進められる英語の学びを、十分に自らのものにできているかどうかを問われるのが「英語スピーキングテスト」だということがいえます。

東京都教育委員会から発表される「英語スピーキングテスト」に関する情報を確認するとともに、中学校での授業をしっかりと受けて力をつけておけば十分に対応できるテストですから、心配は無用です。

「使える英語」で君はどう変わるか

ここまで紹介してきた通り、東京都が中学3年生の英語の力を測る「東京都英語スピーキングテスト」は、現中学2年生から本格的な運用が始まり、都立高校を受検するときに活用されることになります。また、英語の「話す力」を評価しようとする流れは、東京都にとどまらず、全国に広がっていくと考えられます。ここでは、中学生のみなさんが、これらの施策で「使える英語」を獲得したとき、その未来はどのように広がるのか、森上展安氏にお話しいただきます。

森上教育研究所 所長
森上展安

大きな意義がある スピーキングテスト導入

このたびの東京都のスピーキングテスト作成・実施によって、科目としての英語の評価が大きく変わる可能性が出てきました。それは本題にある「使える英語」に向けて英語学習の道が開かれた、という意義があることでもあります。

どういうことでしょうか。

みなさんも最近よく、英語4技能という言葉を耳にすると思います。いうまでもなく「読む」「書く」「話す」「聞く」の4技能ですね。

いまの中2生が、中3になっての都立高校進学に際して「話す」技能を評価しよう、というのが、新たに始まる「英語スピーキングテスト」です。「話す」以外の3技能は、都立高校入試ではこれまでも試験が実施されてきましたが、「話す」技能を評価するテストは技術的に難しいので入試で活用することは実現していませんでした。今回、これが実現できそうだ、ということなのです。

いうまでもなく「読む」「聞く」は受け身ですが、「書く」「話す」は能動です。

つまり具体的な相手がいて、コミュニケーションをどうとるのか、どうすればよく伝わるのか、そこには、まさに英語を「使う」醍醐味があります。反面、「通じない」という結果は残酷でもありますから厳しさもあります。

もちろん、「読む」「聞く」という受信がしっかりしなければ、「話す」「書く」の発信もおぼつかないのは事実で、この4技能はいずれもバランスよく学ぶ必要があるとされています。

ところが技術的な関係から、これまでとくに「話す」技能については入試での評価が避けられてきました。

それが来年には、いよいよ「話す」技能も評価されるのです。

例えば演劇で、登場人物がやることといえば、一にも二にも「話す」ことですね。

これは、現実の生活そのものが「話す」ことを中心に成り立っていることの証左だともいえます。

さて、「話す」ことへの評価は、基準準拠評価（語彙、正確な言葉づかい、論理性など）で行われます。つまり、相手に通じているかどうかが大きな基準なのです。

評価として、大きく段階で分けることに妥当性はあっても、1点ずつに分けて評価すること、細かく点数をつけることには意味がありません。

「話す」ことだけが評価されない不思議さ

すでに授業では「話す」という活動自体は以前から取り入れていますから、その技能だけ入試で評価がないのはまさに不公平で、学習意欲をそぐばかりでなく、向上する契機も失われていることになります。

もちろん、これも演劇でわかるように登場人物は能動的な発信として「話す」だけでなく、手紙を書くなども同様に行います。いずれにせよ、こうした表現行為があって劇が進行するように、現実の世界も動いていることは、みなさんもよくご存じのはずです。

しかし、これまでは3技能のみの評価でしたから、最も注目されるべき発信である「セリフ」の言い回しが評価されてこなかったわけですね。

発信の表現は、身体表現でも行われますが、そんな「パ

「使える英語」で君はどう変わるか

ントマイム（黙劇）」さえも評価されていなかったというふうにいえば、これまでの英語の入試のおかしさぶりがわかりやすいのではないでしょうか。
　さて、大学入試における外部検定試験利用が中止になりましたが、そこで問題になったのは、スピーキングをテストすることの技術的難しさでした。
　しかし、例えばお隣の中国では150万人を対象に国がスピーキングテストを実施していることも例にあげて、それは「決して解決困難なことではない」とイギリスの（※ブリティッシュカウンシルなどで構成する）英語語学評価に関する権威ある学会の事務局長氏が明言しています。（朝日新聞1月14日朝刊）。
　つまりAIの発達によって、CBT（コンピューターによるテスト）の機能が飛躍的に高まり、その技術集積のおかげで、スピーキングテストを実施したとして、その精度はこれまでと比べ格段にあがってきているという、世界の現状があるのです。

「使える英語」によって君は世界を手に入れる

　ところでこのAIの飛躍的発達はとくにこれからは量子コンピューターの登場で、いわば居ながらにして世界のいたるところに即座にバーチャルな移動が可能になりつつあります。つまり、わざわざ出かけていかなくとも、世界のどこへでもつながることができるようになるのです。

　グローバルに交流する機会は文字通り津々浦々、どこのどんな人とも話すことが可能で、都市、地方を問いません。もちろん、国内外も遠近も問わない時空が生まれることになります。

　そこで使用される共通語は、まずは英語であり次いでスペイン語、さらには中国語が重きをなすことも流通人口から想定できます。

　あなたが「英語を使う」ということはいわば、このグローバル化が一気に進む時代に、言語による世界の人々とのアクセスを可能にするという意味を持ちます。

　これまでは人、物、金は関税に代表されるように国境もしくは同盟を組む地域ごとに障壁がありました。いま、自国第一主義へ政治動向が傾きかけ、容易にこの障壁は低くはならないようにもみえます。

　しかし、熱は熱いところから冷たいところに移動するように、コミュニケーションもホットなところからクールなところに移動するのは、よく観察できるところです。

　とくに言語は、少数派ではほぼ絶滅する運命にさらされてきました。AIはこれを促進するばかりではないにせよ、多数派言語の利便性向上に一役買っていて、英語を使うことで情報量は圧倒的に高まります。

　これまで当然だった人、物、金の国境は、インターネットの出現と量子コンピューターの投入によって、通過度が別次元に、高く、厚く、多く、濃く、熱くなり、受信一方でよかった言語政策が発信力を持つ方向に、いま舵をきろうとしているのです。

　この一文のタイトルとなっている問い、「使える英語で君はどう変わるか」に、端的に応えるなら、「君は世界を手に入れることができるようになる」ということになります。

※ブリティッシュカウンシル＝イギリスの公的な国際文化交流機関

森上教育研究所
1988年、森上展安氏によって設立。受験と教育に関する調査、コンサルティング分野を開拓。私学向けの月刊誌のほか、森上を著者に教育関連図書を数多く刊行。

て学ぼう

日本の北と南、北海道と沖縄県は、どちらも独自の歴史を持ち、豊かな自然に恵まれた魅力的な地です。そんな北海道と沖縄県について、中学生のみなさんに知ってほしい文化や訪れてほしいスポットなどをお伝えします。遠くてなかなか行けないという人は、まずは記事を読んで旅する気分を味わってみてはいかがでしょう。修学旅行で訪れる予定の人は、自由行動があると思うので、ぜひこの特集で研究してから行ってくださいね。

協力：北海道東京事務所、一般財団法人沖縄観光コンベンションビューロー

北海道

面積

8万3424km²

みなさんも知っているように、北海道は47都道府県のなかで、最大の面積を誇ります。その面積は、日本全体（37万7974㎢）の２割を超え、東京都の38倍ほどにもなるというから驚きです。

人口

532万人

北海道は、その広さにもかかわらず、人口の多さは全国で８位。面積に対する人口密度は、全国で最も低くなっています。しかし、じつは札幌市に人口が集中しており、札幌市民は195万人を超えます。

年間 降水量

1158mm

雪のイメージが強く、年間の雪日数も多い北海道ですが、年間の降水量は雪を含んでも45位と下位です。ほかの都府県と異なる特徴としては、５月ごろから全国で始まる梅雨が北海道にはありません。

年間 平均気温

9.1℃

冬は厳しい寒さに見舞われる北海道。その年間平均気温は9.1℃と１桁です。しかし、その寒さや雪が多いことで、スキーやスノーボードなどのウィンタースポーツや、「さっぽろ雪まつり」といったイベントを楽しめます。

年間 観光客数

5520万人

毎年多くの人が観光を楽しむ北海道。その内訳は、道内の日帰り観光客が3629万人と多くを占めています。今後は「アドベンチャーツーリズム（後述）」の推進により、外国人観光客の増加が期待されています。

●観光客数は『北海道庁（2018年度）』、その他は『統計でみる都道府県のすがた2019』より　●各数値は概数

知っているようで
知らない日本

北と南を旅し

沖縄県

人口

144万人

総務省が2019年に出したデータによると、日本全体では人口が減少するなか、沖縄県では0.3％ほど増加しています。その増加率は東京都に続いて高く、平均寿命の長さや出生率の高さが理由と考えられます。

面積

2281km²

南北に伸びる本島のほか、多くの島々を持つ沖縄県。小さいイメージを持っている方も多いかもしれませんが、じつは東京都や大阪府よりも広いこと、知っていますか？

年間 観光客数

1000万4300人

自然豊かな土地や個性豊かな特産物など豊富な観光資源を持ち、観光客数は年間1000万人を超えています。そのうち外国からの観光客が300万人と高い割合を占め、国内観光客の多い北海道とは対照的です。

年間 平均気温

23.6℃

沖縄県は日本で唯一、亜熱帯地域に属します。年間の寒暖差は少なく、四季を通して温暖で過ごしやすい気候です。平均気温は全国で最も高く、リゾート地として人気が高いのもうなずけます。

年間 降水量

1907mm

47都道府県のなかでも上位に入る降水量は、6月～10月にかけて何度も接近する台風の影響を強く受けています。しかし、大きな川や森林が少ないため、長年水不足に悩んできた歴史もあります。

●観光客数は『沖縄県庁（2018年度）』、その他は『統計でみる都道府県のすがた2019』より　●各数値は概数

北海道

多様性に満ちた自然豊かな北の大地

広大な土地　歴史が感じられる地名

北海道の最大の特徴は、なんといってもその広さでしょう。広大ゆえに、一度訪れただけでは、とても周りきれないため、例えば、「道央」「道南」「道北」「十勝」「オホーツク」「釧路・根室」などを地域ごとにめぐるのがおすすめです。

ひとくちに北海道といっても、教会や洋館が多く異国情緒漂う函館市（道南）、農業が盛んな帯広市（十勝）、日本最大の湿原がある釧路市（釧路・根室）と、歴史や地形によって地域ごとに異なる特徴を持っています。

また、地名も北海道ならではのものです。北海道は、元々アイヌ民族が暮らし、そこにほかの地域の人々が開拓のためにやってきたという歴史があるため、地名の約８割がアイヌ語に由来します。

例えば、県庁所在地である札幌市（道央）は「サリ・ポロ・ペッ（その葦原が広大な川）または「サッ・ポロ・ペッ（乾いた大きな川）」、日本最北端（離島を除く）の宗谷岬がある稚内市（道北）は「ヤム・ワッカ・ナイ（冷たい水の出る沢）」に語源があるといわれています。

その一方で、元々広島県に住んでいた人々が移り住んだ「北広島市（道央）」、奈良県の十津川村からの移住者が暮らした「新十津川町（道央）」などもあり、地名を知るだけでも、北海道の歴史を感じることができます。

1.函館市にある日本初の女子修道院、トラピスチヌ修道院　2.畑作や酪農が盛んな十勝平野　3.タンチョウが訪れる釧路湿原　4.札幌市の観光名所である時計台　5.日本最北端の地の碑が建つ稚内市の宗谷岬

世界遺産　様々な生物が生きる地

オホーツク地域にある知床半島。その中央部から先端の知床岬にかけての陸地と周辺の海が、2005年、世界自然遺産に登録されました。

標高1500m級の山々や湖、滝などがあり、冬は海が流氷で覆われます。流氷とともにプランクトンが運ばれることで、豊かな海を養い、それが海の生物、山の生物の命へとつながっています。知床半島は、シマフクロウやオジロワシ、シレトコスミレなどの希少な動植物も含めた多種多様な生物が生きる地です。

観光の際は、トレッキングやクルーズでその自然を体感することができます。

なお、北海道では、現在新たに、青森県、岩手県、秋田県とともに「北海道・北東北の縄文遺跡群」の世界文化遺産登録をめざしています。

6.知床半島に多く生息するエゾシカ　7.知床半島の豊かな生態系を育む流氷　8.流氷の天使とも呼ばれる巻き貝の仲間、クリオネ　9.温泉が流れ込んでいるカムイワッカ湯の滝

中学生のみなさんへ

北海道には、ここまで紹介した以外にも、色々な魅力があります。

例えば、漁業、農業、酪農などで日本の食を支えているのも、その１つです。また、食の分野だけでなく、民間の宇宙ロケット発射場が作られたり、自動運転車の走行実験が行われたりと、様々な分野でその広大な土地が活用されています。

しかし、一方で、過疎化や少子高齢化が進み、鉄道の廃線や様々な産業を担う人材の不足といった問題を抱えているのも事実です。

そんななか北海道では、北海道旅客鉄道と東京急行電鉄が連携して、北海道内をめぐる豪華観光列車「ザ・ロイヤルエクスプレス」を走らせたり（2020年８月〜９月実施予定）、農業に人工知能やドローンを活用したりすることで、地域活性化や人材不足の解決を図ろうとしています。

また、「アドベンチャーツーリズム」に力を入れ始めているのも特徴です。これはアクティビティー（活動）、異文化、自然の３要素のうち、２つ以上で構成される旅行のことで、ヨーロッパなどでは人気の旅行スタイルです。北海道は様々なアクティビティーを楽しめる豊かな自然があり、アイヌ文化にも触れられる「アドベンチャーツーリズム」に適した土地として、新たな可能性を探っているのです。

自然も文化も動植物も、多様性に満ちている北海道。感受性豊かな中高生のみなさんが訪れると、また違った一面を発見できるかもしれませんね。

アイヌ　アイヌ文化に触れる

アイヌ民族の文化に触れられる施設として、2020年４月、北海道初の国立博物館が誕生します。それが「国立アイヌ民族博物館」です。「国立民族共生公園」「慰霊施設」も併設され、アイヌの食文化や伝統芸能などを体感、体験できる「民族共生象徴空間」となります。愛称は、アイヌ語で「（おおぜいで）歌うこと」を意味する「ウポポイ」。みなさんもぜひ訪れ、アイヌ文化に触れてみてはいかがでしょう。

住所：北海道白老郡白老町若草町２-3
URL：https://ainu-upopoy.jp/

沖縄県

文化と自然の両面から探る
見どころ満載の沖縄県

文化

歴史的な背景から多様な文化が息づく

１４２９年から４５０年もの間、「琉球」という１つの国として治められていた沖縄県。戦後27年間はアメリカの統治下だった歴史を持ち、こうした背景から、多彩な文化が根づいている土地です。ここでは、ほかの都道府県との違いがとくに感じられる、住宅と食文化の特徴について、いくつかご紹介します。

赤い瓦を使った沖縄県の伝統的な家屋は、温暖な気候から開放的な造りになっています。入口に建てられた壁はヒンプンと呼ばれ、風通しのいい構造のため家のなかが外から見えてしまうのを防ぐ役割を担っています。

また、米軍基地の周辺には米軍関係者のために作られた洋風住宅街が存在します。現在はカフェなどにリノベーションされた建物もあり、異国風のたたず↖

自然

豊かな自然と動植物を目で見て楽しむ

海に囲まれ、様々な動物や植物に出会える豊かな土壌を持つ沖縄県には、自然の広大さを感じられるスポットが数多くあります。離島の数はおよそ１６０にものぼり、それぞれの場所ではその土地ならではの体験をすることが可能です。

なかでも沖縄本島の西側、東シナ海に浮かぶ島々では、透明度が高く、日本でも有数の美しい海を堪能できます。また、冬にはホエールウォッチングも楽しめます。

そのほか、本島に次ぐ面積を持つ西表島（いりおもてじま）は、有人島では日本の最南端といわれる八重山（やえやま）諸島に属します。海水と淡水が混ざりあう地域でみられる植物群、マングローブ林が観察できるほか、島の固有種である国の特別天然記念物、イリオモテヤマネまいは観光スポットとして人気を集めています。

さらに、沖縄県ならではの文化は食べものにも表れています。沖縄県はブタを余すことなく食すことで知られ、耳や内臓、皮や血も調理します。また、ヤギの肉を煮込んだヤギ汁や、刺身として食べるヤギ刺しなども伝統的な料理です。そのほか、同じ野菜であっても、強い紫外線や海風を受けてたくましく育った沖縄県の野菜は栄養価が高く、味も濃いといわれています。

こうした独自の文化を学習してから現地を訪れると、得る学びはより充実したものとなります。興味のあることは事前に調べておくと、実際に訪問した際の感動も大きくなりますよ。

1.伝統的な民家の様子。正面にある石の壁（矢印）がヒンプンと呼ばれる部分　2.郷土料理であるヤギ刺し　3.ヨモギはフーチバーとも呼ばれ、蕎麦やみそ汁の薬味、天ぷらの具材としても親しまれています　4.石垣島にある吹通川（ふきどおがわ）のマングローブ林　5.沖縄の盆踊りにあたる伝統芸能、エイサー　6.やんばる地域にのみ生息しているヤンバルクイナ　7.絶滅危惧種に指定されているノグチゲラ　8.備瀬のフクギ並木。台風の風や砂から集落を守る防風林としての役割を持ちます

コなども生息しています。

また、本島にも沖縄ならではの自然環境が色濃く残っています。北部のやんばる地域には、ヤンバルクイナやノグチゲラといった希少生物がいくつも生息しており、多様性に富んだ沖縄県の自然を体感できます。

同じく本島北部の備瀬（びせ）には、数千本のフクギが並ぶ防風林が存在し、台風の多い沖縄県ならではの風景が広がっています。

気候や地形の面から、車での移動が推奨されている沖縄県ですが、那覇市内にはモノレールが整備されています。離島まではフェリーを利用できることが多く、小さな島であれば自転車を借りて様々なスポットを回るのもおすすめです。

中学生のみなさんへ

2019年10月に発生した火災により、琉球國の象徴ともいえる首里城は、正殿など主要建築の多くが焼失しました。首里城は、琉球國として栄えた時代に政治の中枢となって機能したと同時に、国王の住居でもあった場所で、首里城跡を含む遺産群は世界遺産に登録されています。歴史的にも大きな意味を持つ首里城の焼失は、沖縄県民のみならず、世界中に大きな衝撃を与えました。

これまで4度焼失し、そのたびに再建されてきた首里城ですが、特殊な木材や伝統的な瓦の調達など、今回は過去の再建よりも難航が予想されています。2019年12月には、沖縄県が首里城再建への基本的な考え方を提示しており、そこでは再建過程を段階的に公開する方針が示されています。

様々な人の思いや技術が集まって進められる首里城の再建。中学生のみなさんにとっても、こうした取り組みをリアルタイムで見守ることで、学べることがたくさんあります。

ほかにも、海のなかで生物の多様性を支えるサンゴ礁が、地球温暖化などの影響で減少しているといった問題があります。観光地として有名な沖縄県ですが、こうした問題を通して、文化や自然を守っていくためになにができるかを考え、学んでいくことも大切だといえます。

様々な海洋生物が生息し、海の多様性を支えているサンゴ礁

Special School Selection

幅広い教養を身につけながら
自分の好きなことに
伸びのびと打ち込める学校

東京都 文京区 ● 共学校

筑波大学附属高等学校

所在地：東京都文京区大塚1-9-1
アクセス：地下鉄有楽町線「護国寺駅」徒歩8分、地下鉄丸ノ内線「茗荷谷駅」徒歩10分
生徒数：男子364名、女子345名
TEL：03-3941-7176
URL：http://www.high-s.tsukuba.ac.jp/shs/wp/

- ●2学期制
- ●週６日制（高３は週５日制）
- ●月～金６時限、土：高１は３時限、高２は４時限
- ●50分授業
- ●１学年６クラス
- ●１クラス約40名

「自主・自律・自由」をモットーとする筑波大学附属高等学校。まんべんなく学ぶカリキュラムで幅広い教養を身につけられます。授業以外にも、生徒たちは行事やグローバル教育プログラムなどに積極的に取り組んでいます。

自由な校風のなか 中入生とともに学ぶ

筑波大学の附属校である筑波大学附属高等学校（以下、筑波大附属）の前身は、1888年、高等師範学校に設置された尋常中学科（男子校）です。その後、校名変更や移転、共学化を経て、現在にいたります。

そんな筑波大附属のモットーは「自主・自律・自由」です。

大川一郎 校長先生

「本校の校風は自由です。生徒たちには、高校時代に思いっきり自分がしたいことに挑戦してほしいと思っています。ただし、自由といっても自主・自律があってこその自由です。わがままに好き勝手に振る舞っていいということではなく、自分を律し他者を尊重したうえで、好きなことに取り組むのが、本校の校風です」（大川一郎校長先生）

筑波大附属には中入生（隣接する附属中学校から進級）と高入生（外部の中学校から受験して入学）がおり、高1から同じクラスで学びます。

割合は中入生が3分の2、高入生が3分の1であるため、高入生は、すでに友人関係ができあがっている中入生と同じクラスになることに不安を感じるかもしれません。

しかし、高1の7月には、クラスメイトと打ち解けるための「蓼科生活」（3泊4日）もあるので安心です。自然のなか、寝食をともにしながら山登りなどをすることで、クラスメイトとの親睦が深められていきます。「蓼科生活」で養われたクラスの団結力はその後の行事にも活かされます。

また、3年間、クラス替えもないので、長い時間をかけて濃いきずなを育むことができます。

実技科目も重視 幅広く学ぶカリキュラム

カリキュラムは、芸術や体育などの実技科目も大切にしつつ、世界史、日本史、地理、倫理、政治・経済の社会5科目を全員が履修するなど、幅広く学ぶことが重視されています。

そのなかから、筑波大附属ならではの授業をいくつか紹介しましょう。

理科では、本質的な理解を得るために、実際に体験することを重視し、数多くの実験を行っています。筑波大附属は、実験室4つ、演示実験台を備え、階段状に座席が設置された講義室が3つあるので、それらの施設を存分に活用しています。物理、化学、生物、地学のうち、少なくとも3分野を履修するのも特徴です。

芸術は、美術、工芸、音楽、書道の4科目が開講されています。そのなかから1つを選択し、高1、高2の2年間をかけて取り組みます。高2では、授業で学んだ成果を、全員が作品の展示や演奏発表などで披露します。

「筑附スタディ（総合的な探究の時間）」では、高1で「データの収集・分析」「統計的なものの見方・考え方」といったスキルを身につけ、高2からグループで課題研究に挑戦します。

2018年度の課題研究には「公園から考えるまちづくり」「データ

柔道部

剣道部

水泳部

馬術部

化学

授業

社会は５科目が全員必修、理科も４科目のうち３科目を履修するなど、幅広く学びます。

日本史

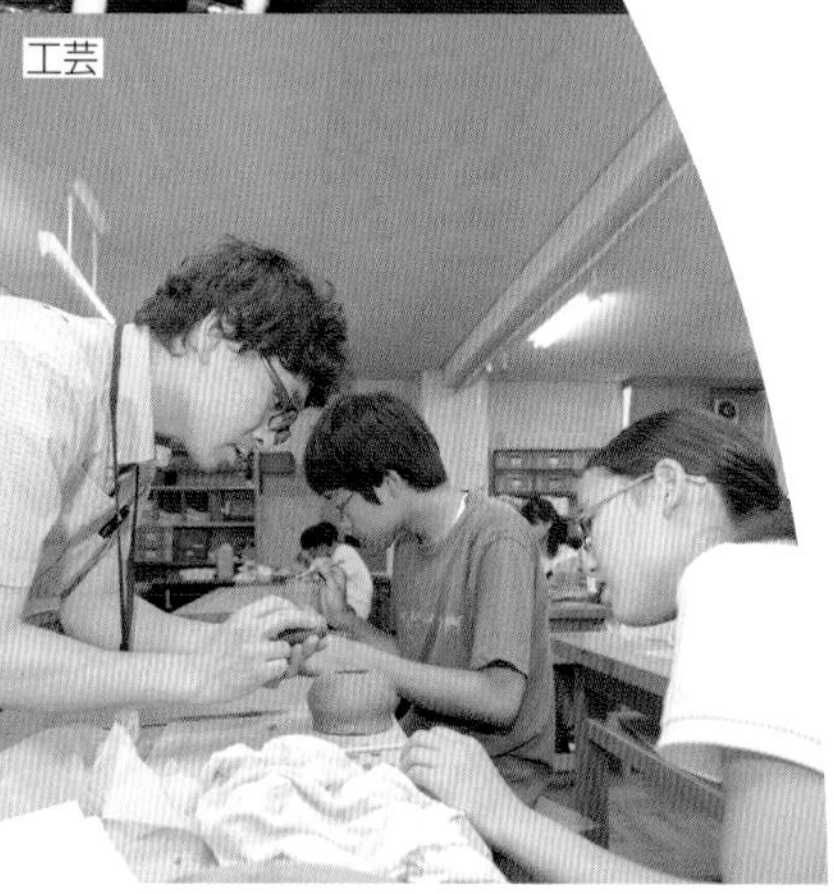
工芸

日中高校生交流（中国）

ホア・チョン校短期留学交流（シンガポール）

プリンスエドワードアイランド大学研修（カナダ）

グローバル教育

グローバル教育として、中国やシンガポール、カナダの学生と交流するプログラムが実施されています。

に基づくバス交通網再編」「小児がんの知識を子供自身がどう持つか」といったものがありました。

大川校長先生は「幅広い教養を身につけるためにまんべんなく学ぶ一方、自分が好きなことに打ち込める校風があるのも本校の特色です。そうした環境のなか、生徒は多方面の能力や知識を持つジェネラリストでありつつも、専門的な分野で活躍するスペシャリストへと育っています。卒業生の方々を見ていても、こうした教育が活きていることを感じます」と話されます。

国際交流プログラムを引き継ぐグローバル教育

筑波大附属は、2014年度に文部科学省からスーパーグローバルハイスクール（SGH）の幹事校に指定され、その推進役を担ってきました。

指定は5年間で終了しましたが、SGHとして行っていたプログラムは、現在も継承されており、前述した「筑附スタディ」もその1つです。

そして国際交流プログラムも、グローバル教育として引き続き実

体育館

生物講義室

桐陰会館

広々とした体育館や階段状に座席が設置された生物講義室など、施設も充実しています。桐陰会館のなかには、ホールや和室があります。

部活動

同好会を含め34の部があります。写真を掲載した運動部以外にも、かるた部やクイズ研究部などの文化部も活発に活動しています。

バスケットボール部

卓球部

硬式テニス部

施されています。

「日中高校生交流」は、相互交流を行うものです。筑波大附属生が中国を訪問した際は、現地の高校の授業に参加したり、日本とは異なる文化を体験したりするだけでなく、中国の首相官邸や北京市政府も訪れるという独自のプログラムです。

ホームステイをしながら、現地の学校へ通う「ホア・チョン校短期留学交流」（シンガポール）や「プリンスエドワードアイランド大学研修（UPEI）」（カナダ）もあります。

そのほか、シンガポールで行われる「アジア太平洋青少年リーダーズサミット（APYLS）」や韓国で開催される「国際学術シンポジウム（IAS）」といった高校生の国際会議にも積極的に参加しています。

また、2年に1度、世界各国の高校生が集まり講義やスポーツ、アートなどを通してオリンピックのあるべき姿を学ぶ「国際ピエールドクーベルタンユースフォーラム」にも生徒を派遣しています。

筑波大附属では、英語の授業で「聴く・話す・読む・書く」の4技能をバランスよく養っているため、生徒たちは授業で身につけた英語力をこうしたプログラムでも十分に発揮しています。

「現在、文部科学省はSGH事業などでの実績を活用した『WWL（ワールド・ワイド・ラーニング）コンソーシアム構築支援事業』を行っています。その取り組みに筑波大学が参加しているので、本校の生徒もWWLコンソーシアム事業のプログラムで、グローバル教育の成果を発表しています」（大川校長先生）

1、2　桐陰祭　3　修学旅行（シンガポール）　4　修学旅行（沖縄）　5　スポーツ大会　6　開成レース　7　蓼科生活

大学の先を見据えて進学先を選ぶ

ここまで見てきたように、筑波大附属では、幅広い教養を身につけるための教育が実施されています。

その結果として、毎年、難関大学へも数多くの合格者を輩出しています。

進路指導の特徴について、大川校長先生は「大学進学が最終目的ではありませんから、大学のその先を見据えて進学先を選ぶことが大切です。自分は将来なにをしたいのか、そのためにはどの大学のどの学部に進むべきかということをしっかり考えさせます」と話されます。

進路指導プログラムには「卒業生による進路説明会」や「筑波大学訪問」などがあります。

「卒業生による進路説明会」は、医師や弁護士、建築家など、様々な分野で活躍する卒業生を十数名招き、講演をしてもらうプログラムです。講演後は自分の興味のある分野の講師と少人数で話す時間も設けられています。

「筑波大学訪問」では、研究室訪問や講義の受講など、多様なコースが用意されます。なかには、高校ではできない高度な実験に取り組むものもあります。２０１８年度は、28ものコースがありました。

こうした筑波大附属ならではのプログラムのほか、お茶の水女子大学附属高等学校と連携して、互いの卒業生の話を聞くプログラムも実施されています。

将来を見据えて大きく成長することができる筑波大附属。最後に大川校長先生は、「本校は部活動も行事も盛んな学校で、生徒は一所懸命取り組んでいます。

とくに行事は、桐陰祭（文化祭）やスポーツ大会に加え、開成レースや院戦といった他校と合同で行うものもあり、大いに盛り上がります。

開成レースとは、本校と開成高校のボート部が競うもので、院戦は各運動部が学習院高等科、学習院女子高等科と戦うものです。どちらも長い歴史があります。校内はもちろん、他校の生徒とも人間関係を築ける行事があるのは、長い歴史を持つからこそで、本校の宝だと感じます。

中学生のみなさんには、なにか1つでもいいので、『高校時代にこれに挑戦したい』という思いを持って入学してきてほしいです。本校のモットーは『自主・自律・自由』ですから、受け身で過ごしていてはなにも始まりません。自分から積極的に行動しましょう」と話されました。

行事

蓼科生活をはじめとして様々な行事が行われています。修学旅行は、シンガポールや沖縄など、その年によって行き先が異なります。

画像提供：恵雅堂出版株式会社

■2019年度　大学合格実績抜粋　（ ）内は既卒

国公立大学		私立大学	
大学名	合格者数	大学名	合格者数
北海道大	4（1）	早稲田大	115（31）
東北大	4（1）	慶應義塾大	57（14）
筑波大	7（2）	上智大	26（6）
東京大	32（10）	東京理科大	48（15）
東京工業大	5（1）	順天堂大（医）	6（4）
一橋大	2（1）	東京慈恵会医科大（医）	2（1）
京都大	5（2）	日本大（医）	1（1）
弘前大（医）	1（1）	日本医科大（医）	2（1）
秋田大（医）	2（1）	東京医科大（医）	2（0）
東京医科歯科大（医）	1（1）	東邦大（医）	1（0）
千葉大（医）	2（1）	東海大（医）	1（1）
大阪大（医）	1（1）	自治医科大（医）	1（1）
神戸大（医）	1（1）	帝京大（医）	1（0）

受験英語×オンラインレッスン

早稲田アカデミーの新しい英語教育が始まる

難関校合格に定評のある早稲田アカデミーが、「新しい時代の英語教育」として、小5・小6・中1の授業に全面導入する「オンラインレッスン」。その内容や魅力を、早稲田アカデミーの3名の先生方に伺ってきました。

お話を伺った先生方

高校受験部長
酒井 和寿 先生

国際部 英語研究課長
川村 宏一 先生

高校受験部 高校受験三課長
望月 悟史 先生

「志望校に合格するためのツール」として活用

Q新たに「オンラインレッスン」を導入した目的を教えてください。

【望月先生】 英語の「読む・聞く・書く・話す」という4技能を伸ばす重要性が叫ばれるなかで、進学塾としてどんな教育が提供できるか検討した結果たどり着いたのが、マンツーマンで行う「オンラインレッスン」の導入です。オプションでの採用ではなく授業に全面導入するので、小5・小6・中1の英語受講者全員が取り組みます。

【酒井先生】 オンラインレッスンと聞くと、英会話教室のようなものをイメージされる方が多いかと思います。昨年9月から実験的に一部の教室で取り入れたところ、実際に保護者の方からも「すでに別の英会話教室に通っているので……」という声がありました。しかし、早稲田アカデミーのオンラインレッスンはコミュニケーション力の向上だけを目的としたものではありません。

【川村先生】 オンラインレッスンを授業に取り入れることによって、効率的に英語力を伸ばすことができます。もちろんリスニング・スピーキングの能力は伸びますが、併せて受験に必要な知識を定着させることが狙いです。進学塾として難関校に多くの合格者を輩出してきた早稲田アカデミーは、オンラインレッスンを、あくまでも「志望校に合格するためのツール」として活用するので、一般的な英会話教室とは異なります。

例 1日の授業の流れ（中1）

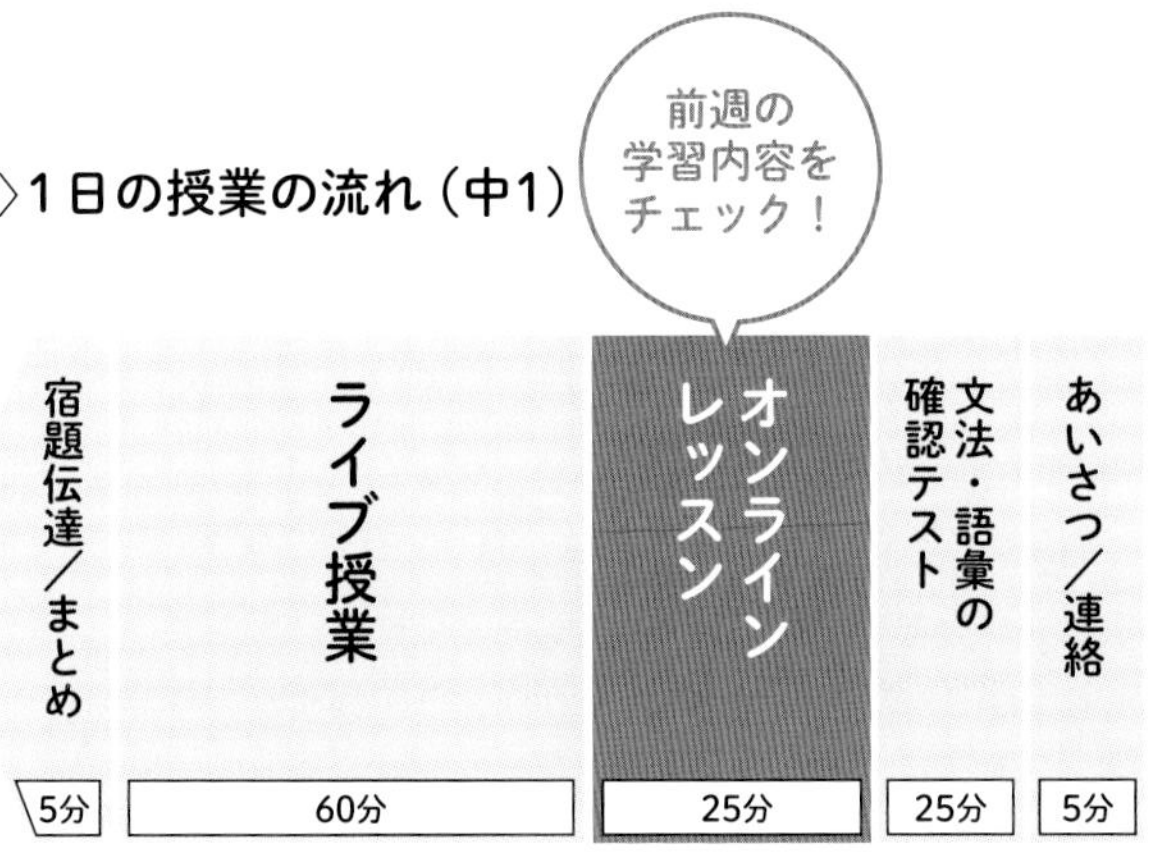

Q「合格するためのツールとして活用する」とは、具体的にはどのような授業になるのでしょうか。

【望月先生】 これまでの授業にオンラインレッスンをプラスする形になります。早稲田アカデミーの講師によるライブ授業がメインであり、ご家庭での宿題もこれまで通り行います。オンラインレッスンの導入で変わるのは、授業で行うアウトプットの部分です。

これまで、前週の授業でインプットした知識は、確認テストのみでアウトプットしていました。文法と語彙の定着度は引き続き確認テストでチェックしますが、前週で学んだ表現なども今後オンラインレッスンでも確認するようになります。オンラインレッスンはタブレットを使い、ヘッドセットをつけて行います。

しかも、オンラインレッスンにはフィードバック機能（後述）もあるので、その後の学習にも役立ちます。つまりオンラインレッスンは「復習」のために使うといっていいでしょう。

Q授業内にオンラインレッスンを取り入れるメリットをもっと教えてください。

【川村先生】 英語を話すというアウトプットの習慣は大切なので、毎週授業内で取り組めるというのは大きなメリットです。1回25分ですから、1年間で25分×36回＝900分もの時間、オンラインレッスンを受けることができます。

授業時間外に各自が自由にオンラインレッスンを行うシステムだと、知識をインプットする場がなく、いきなり英会話に取り組むことになる

ので、単に「楽しかった」という感想を持つだけで終わってしまうかもしれません。

ライブ授業と家庭学習でインプットしたことを、オンラインレッスンでアウトプットすることで、学んだことをより深く定着させることができます。そして、授業内に全員が必ず外国人講師とマンツーマンで会話をするので、自然とスピーキングの力が上達します。

【望月先生】アウトプットするためにはインプットが重要だということも実感するでしょうから、より積極的に勉強に取り組めるようになると思います。オンラインレッスン自体が、英語に興味を持つきっかけにもなるでしょう。

また、テキストはライブ授業と連動したものを使用するので、早稲田アカデミーオリジナルのカリキュラムに沿って基礎的な内容から段階を踏んで学んでいけることも大きな魅力です。

Qオンラインレッスンを担当するのはどのような方ですか。

【酒井先生】フィリピンのマニラにあるインスピロという企業と提携し、講師の方々を集めました。

この企業は元々世界中のコールセンター事業を担っている会社で、各企業の理念や商品について理解し、そのうえで仕事をするという体制が整っています。そのため、早稲田アカデミーの理念を理解したうえで、大人ではなく、小中学生に合わせたレッスンを行ってくれます。

講師の選考はマニラで行いました。マニラは大学が集まり、高い学力を有している方が多い都市として知られています。さらに研修もしっかりと受けてもらいますので、非常に高品質のレッスンを提供できると考えています。

また、フィリピンには現地の言語がありますが、英語も公用語になっているため、講師は我々日本人同様、母国語にプラスして英語を学ぶという経験をした方です。ですから、「外国語として英語を学ぶ」ということを理解したうえで、レッスンをしてくれます。

Q毎週同じ先生のオンラインレッスンを受けるのでしょうか。

【川村先生】毎回異なる講師が担当

point ① テキストは画面に表示されます。指でタッチして文字を書き込むことも可能です。

point ② 講師の顔を見ながら楽しく会話します。

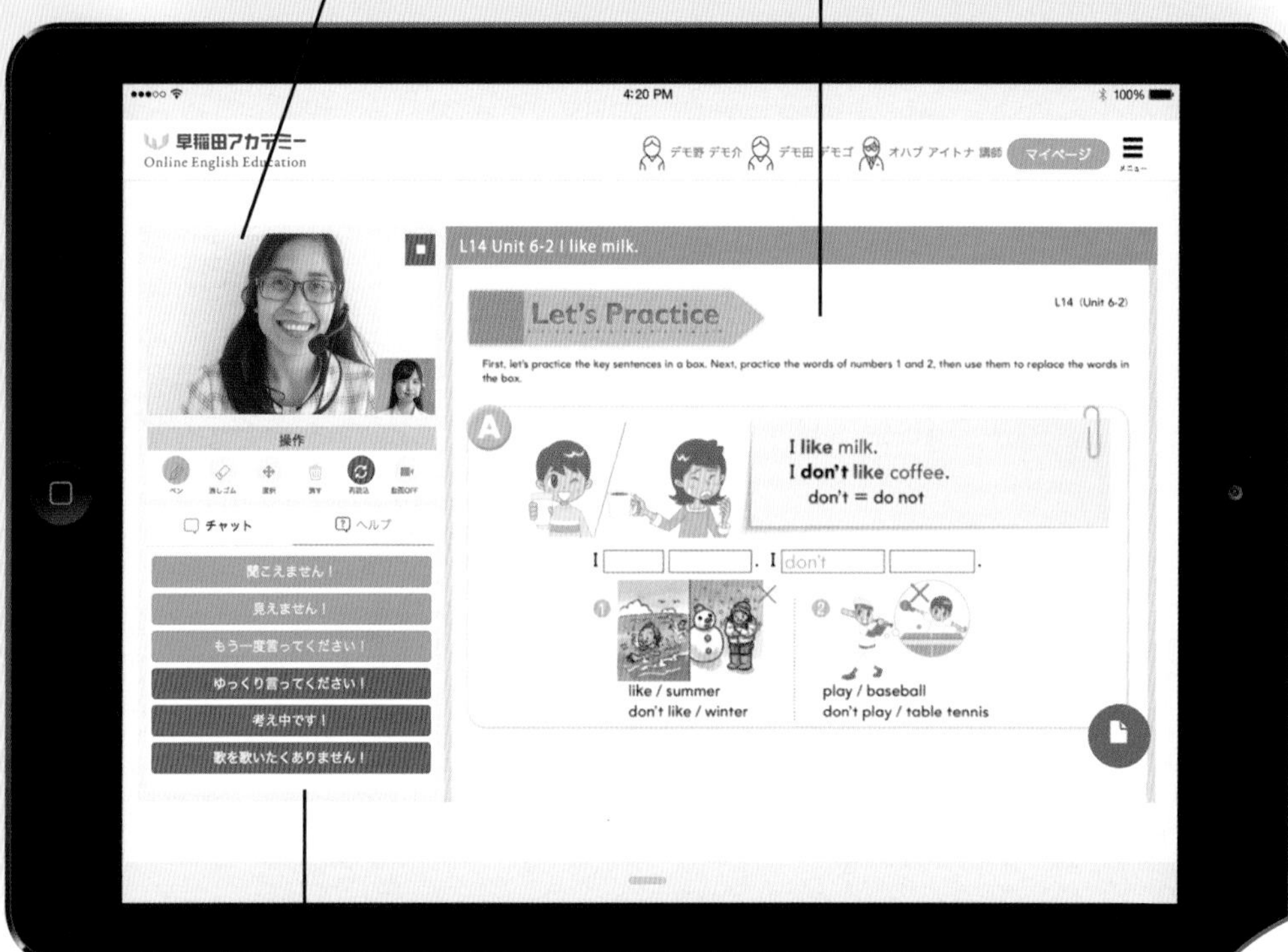

point ③ ヘルプボタンは、つねに表示されているので困ったときはタッチ！

タブレット画面には、「ゆっくり言ってください」「考え中です」といった生徒をサポートするためのヘルプボタンも用意されています（望月先生）

早稲田アカデミーの新しい英語教育が始まる

オンラインレッスン以外でも、普段から英語の音声を聞く、音読をしながら勉強するといったことを意識しましょう（川村先生）

しますので、色々な講師と話すことができます。

講師はレッスン終了後、生徒の評価やアドバイスをWeb上に記録します。その記録を生徒へ伝えるとともに、次回担当する講師へ引き継いでいきます。

Qマンツーマンということに不安を感じる生徒さんもいるのではないでしょうか。

【望月先生】 もちろん、初めはとまどうかもしれませんが、むしろマンツーマンですから、基礎を定着させるための反復練習やフリートークなど、自分のレベルに合ったレッスンを受けることができます。

【酒井先生】 ライブ授業を担当する早稲田アカデミーの講師も、オンラインレッスンを担当する講師とともに生徒を見守ります。オンラインレッスンの講師は、生徒がとまどっているときの対処法なども学んでいますので、みなさんの言葉を引き出してくれるでしょう。

Q今後の展望を教えてください。

【望月先生】 オンラインレッスンの導入で、私たちは「英語の総合力」を伸ばすことをめざしています。マンツーマンで話す機会を設けることによって、スピーキングやリスニングの力はもちろん、リーディングの力も高められると考えています。

これまで当たり前だった、単語や文法を詰め込んで、多くの長文を読んで……という英語教育が変わる時代が来ているのではないでしょうか。早稲田アカデミーは新しい英語教育によって、より生徒の「志望校への合格」をかなえていきたいと思います。

【川村先生】 将来的にはタブレットとキーボードをBluetoothでつなげて、ライティング能力を鍛える学習も併せてできればいいなという話をしています。ICTを活用した英語教育の可能性は、これからも広がっていくと思います。

Today's Target

Let's practice today's target sentences. First, the teacher will read them alone. Listen carefully. Next, repeat after the teacher.

(1) He likes cats.

(2) She plays tennis.

(3) Mika goes to school by bike.

(4) My father has a car.

まずは「Today's Target」（左）で、前週の授業で学んだことを復習します。意味や文法事項を確認しながら、アウトプットしましょう。しっかりと身に付いたら、英語の質問に英語で答える上級者向けの「Step Up!」（下）に挑戦します。

Step Up!

Read the following dialogue and answer the questions below.

Yuki : I'm going to go to the United States next month. I will stay with a family there. Could you give me some advice ?

Ms. Jones : OK. Are you worrying about anything ?

Yuki : Yes. I have to talk with my host family in English, but I can't speak it well.

Ms. Jones : Don't worry about that, Yuki.

Question 1 : Where is Yuki going to go next month?

Question 2 : Is Yuki worrying about her English?

「英語で会話ができた」、「相手に自分の思いを伝えられた」という経験を自信につなげてほしいです（酒井先生）

オンラインレッスンを取り入れた早稲田アカデミーの新しい英語教育。ホームページではさらに詳しく紹介していますので、興味を持った方は二次元バーコードにアクセスしてくださいね。

公立高校WATCHING

東京都立 共学校

国際高等学校

多様性を大切にする環境で「豊かな国際感覚」を養う

異なる環境で育ち、異なる文化背景を持った生徒が集まる東京都立国際高等学校。多様性を重要視する校風のなかで、1人ひとりの生徒に合わせた丁寧な学習指導と、グローバルな視点を育む独自のプログラムが展開されています。

創立30年を超える国際色豊かな公立高校

東京都立国際高等学校（以下、国際高）が開校したのはさかのぼること約30年前。当時、都内に海外帰国生徒（帰国生）や在京外国人生徒（在京生）を受け入れる公立高校がなかったことから、そうした生徒の受け皿ともなる都立高校初の国際学科高校として誕生しました。教育理念は「調和のとれた国際感覚を身に付け、世界の人々から信頼され、尊敬される人材の育成を目指す」です。

２０１５年には、全国の公立高校で初めて、海外大学への進学資格が取得できる国際バカロレア・ディプロマプログラム（DP）の実施校となり、国際バカロレアコース（IBコース）を設置、海外大学への進学をあと押しする環

米村珠子 校長先生

所在地：東京都目黒区駒場2-19-59
アクセス：京王井の頭線「駒場東大前駅」徒歩5分、京王井の頭線「池ノ上駅」徒歩7分
生徒数：男子169名、女子564名
TEL：03-3468-6811
URL：http://www.kokusai-h.metro.tokyo.jp/

- 3学期制
- 週5日制
- 月～金7時限
- 45分授業
- 1学年6クラス
- 1クラス約40名

境がさらに整いました。

国際高の1学年は、都内の中学校出身者（一般生）140名、帰国生約40名、在京生約30名、IBコース生約25名で構成され、彼らが6クラス（1クラス約40名）に均等に分かれていきます。

かつて英語の教員として国際高で教鞭をとり、現在は校長として勤務する米村珠子校長先生は「帰国生の滞在国や在京生の出身国はバラエティーに富み、その数はじつに40カ国近くにものぼります。

また、IBコース生は授業は別校舎で受けますが、ホームルームクラスはレギュラーコース（一般生、帰国生、在京生）と同じなので行事や部活動、委員会活動などはいっしょに行います。多様なバックグラウンドを持った生徒が様々な場面で交流できるところが本校の特色だと思います。

そんな本校で勤務するにあたり私が心がけているのは、身近な話題をテーマに、生徒の心に響く言葉を発信することです。例えば始業式や終業式では『目標を設定してベストを尽くすこと』の大切さを伝えています。校長の話は敬遠されがちなので、話に関連する英単語を紹介してその場でリピートさせるなど、生徒が関心を持ってくれるように工夫しています。

それとは別に、校舎の玄関近くに毎日異なる名言を書いた紙を掲示しています。生徒へのメッセージとして、歴史上の人物やアニメのキャラクターのセリフを自作のイラストつきで紹介しているので、生徒の心に響いてくれると嬉しいですね」と話されます。

独自のカリキュラムで 1人ひとりの力を伸ばす

レギュラーコースでは創立以来、国語、数学などの「普通教科」、国際地理、国際関係、異文化理解などの「専門教科」、そして「課題研究」の3つを柱に教育を展開してきました。課題研究は各自が設定したテーマについて担当教員の助言を受けながら研究を進め、論文にまとめて発表する取り組みです。論文は高2で1つ、高3で1つ、計2つを仕上げます。

「高2では『日本文化・伝統芸能・外国文学・スポーツ文化・社会生活・地域研究・福祉・環境科学・コミュニケーション・映像・演劇』から好きな授業を1つ選んで履修します。『伝統芸能』は観世流の能楽師、『映像』は元ディレクター、『演劇』は元宝塚歌劇団の方と、各分野をきわめた方が授業を行ってくれることがあるのも大きな魅力です。

本校は外国語も専門教科として、英語を必修で学ぶとともに、選択必修の『外国語科目』のなかには英会話のほか、フランス語、ドイツ語、スペイン語、中国

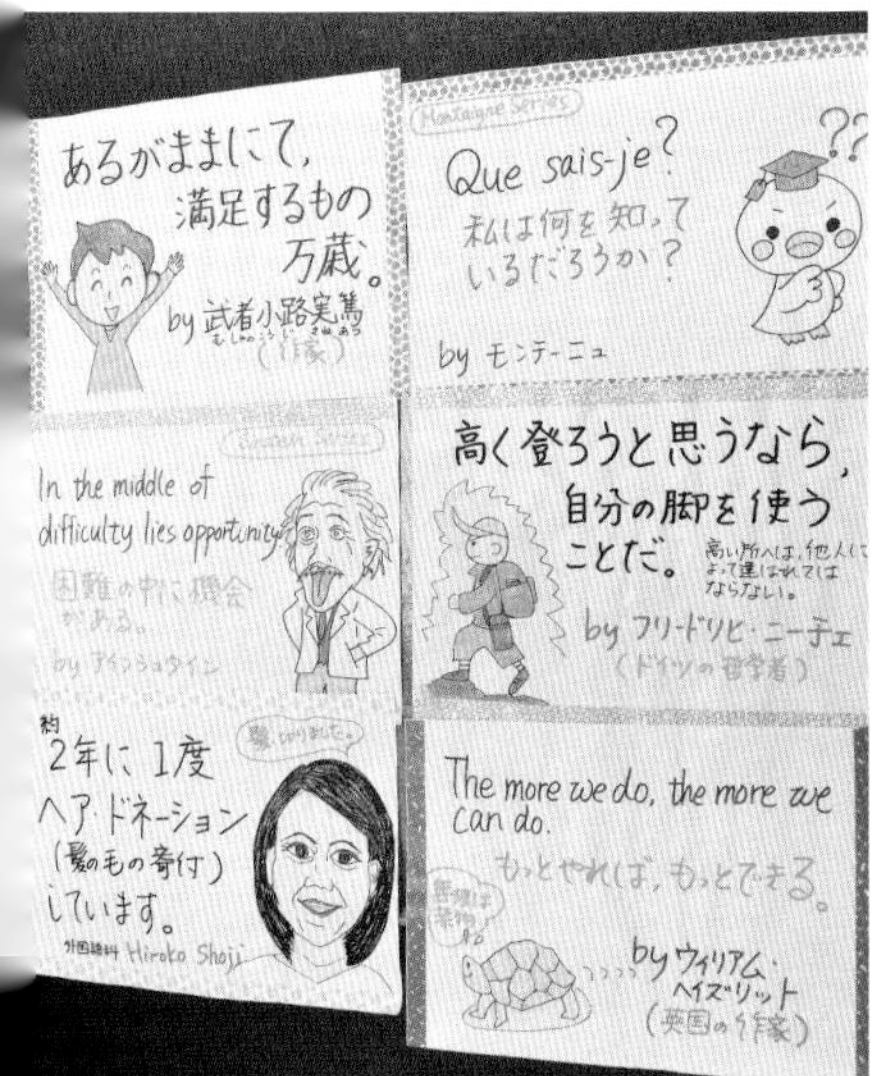

このようにかわいらしいイラストつきで、毎日異なるメッセージを掲示しています。

オーストラリア研修旅行

フランスの提携校との交流

韓国修学旅行

韓国修学旅行

国際交流

オーストラリア、韓国、フランスなど、海外校との交流も活発で、生徒たちは現地で貴重な体験をしています。

語、韓国・朝鮮語の授業も用意していて、希望者は3年間継続して学ぶことも可能です。英語以外にも学べる言語が5カ国語あり、さらにそれを3年間学べる環境がある都立高校は本校だけです。

また、育ってきた環境によって習得知識に差があるため、積極的に習熟度別授業を導入しているのも特徴です。国語と英語は『多展開授業』といって、レベルに応じて2クラスを5展開と細分化して丁寧に指導していますし、数学や理科も学習歴や日本語の習熟度に応じてクラスを分割し、教材の漢字にふりがなをつけるなど、きめ細かく配慮しています」（米村校長先生）

IBコースの取り組みが全体にも好影響を与える

IBコース生は前述のようにホームルームクラスでは一般生たちとともに過ごしますが、授業になると第2校舎に移動し、専用カリキュラムを履修します。

まず高1で学ぶのは、日本の学習指導要領に沿った必修科目です。これらの授業の多くを英語で受けることで、高2から始まるDP（すべて英語で実施）に必要な能力を養っていきます。

そして高2・高3でDPを履修すると、日本の高校の卒業資格、および海外大学への入学資格（フルディプロマ）が取得できます（※）。

「IBコースの授業は、グループワークやディスカッションが主体です。理科の実験を例にあげると、教科書通りに実験を行い、正しい結果が出るかを確認する一般的な授業と違い、液体の性質を調べるためにはどんな実験をすればいいか、その実験にはどんな器具を使えばいいかというところから自分たちで考えて実験を進めていくのです。

このように、身につけた知識を活用してなにをするかを重視するIBコースの学習方法が学校全体にも波及し、レギュラーコースの授業でも生徒が主体的に学ぶ場面が多く見られるようになりました。

※フルディプロマを取得するには、世界共通の統一試験で、一定の成績を収め、履修条件をクリアする必要がある。

体育祭・桜陽祭（文化祭）

毎年盛り上がる体育祭と桜陽祭。桜陽祭では、高2の男子（國際男子）がソーラン節を踊るのが伝統です。

体育祭

桜陽祭

こうした授業を行うことは、IBワールドスクール（IB認定校）である本校の使命でもあります」と米村校長先生は語ります。

盛んな海外校との交流 進学先も多岐にわたる

国際交流は8カ国10校を相手に行っています。とくにオーストラリア、韓国の姉妹校とは生徒同士の行き来が活発で、オーストラリアの姉妹校とは隔年で互いに訪問交流、韓国の姉妹校とは修学旅行などで相互交流を実施。さらに国際交流委員会の生徒が中心となって「国際交流デー」というイベントを開くなど、交流活動にも熱心に取り組んでいます。

「従来から連携教育を行う国際基督教大学（ICU）で本校の生徒が講義を受けるほか、2018年には東京外国語大学とも連携協定を結んだので、今後プログラムを増やしていきたいと考えています」（米村校長先生）

そして、2019年3月の海外大学合格者数は約50名と海外志向も強く、海外大学進学に向けたオリエンテーションも充実しています。IBコースができてからは、海外大学の関係者が説明に来ることも増えたといい、こうした説明を聞く機会はレギュラーコースの生徒にも開放されています。

もちろん国内の難関大学へも毎年多数の合格者を輩出しており、とくに国際教養系の学部を有する早慶上智ICUへは例年120名を超える生徒を送り出しています。そのうち約半数はAO・推薦入試による合格で、課題研究をはじめ、在学中に様々なことに挑戦した成果をそれぞれがうまく活かしているのだといいます。

このように、特色ある教育を実践する国際高をめざすみなさんに、米村校長先生からメッセージをいただきました。

「本校は『多様性』が特徴の学校ですから、入学を希望する生徒さんには多様性を受け入れる広い心を持ってほしいです。そのうえで自分がやりたいことを見つけて、全力で取り組もうという意欲のある生徒さん、視野を国内に留まらせることなく、いずれは国際的なフィールドで活躍する可能性を秘めている生徒さんにぜひ入学してもらいたいと思います」

スピーチコンテスト

ESCA

京都府の学校との交流

様々な取り組み

スピーチコンテストやESCA（ENGLISH SUMMER CAMP）など、「国際学科」ならではの取り組みも多数行われています。

■2019年度大学合格実績　（　）内は既卒

大学名	合格者数
国公立大学	
北海道大	3(0)
筑波大	2(0)
千葉大	1(0)
東京外国語大	7(1)
一橋大	1(0)
奈良女子大	1(0)
広島大	1(0)
長崎大	1(1)
新潟県立大	1(0)
国際教養大	2(0)
首都大東京	3(0)
計	23(2)

大学名	合格者数
私立大学	
早稲田大	47(3)
慶應義塾大	42(2)
上智大	33(1)
青山学院大	19(0)
中央大	21(3)
法政大	9(1)
明治大	19(2)
立教大	24(1)
国際基督教大	6(0)
学習院大	2(0)
その他私立大	87(14)
計	309(27)

画像提供：東京都立国際高等学校

2021年度

文京の地に新たな共学校が誕生

（東京都申請中）

広尾学園学外施設

Chrome book（広尾学園仕様）

広尾学園の教育連携校

村田女子高等学校

MURATA GIRLS' HIGH SCHOOL

[校名変更予定]

〒113-8665 東京都文京区本駒込2-29-1 TEL. 03-5940-4455 http://murata.ac.jp

どうなる？ こうなる！

東京都の中学校 英語スピーキングテスト

東京都教育庁・瀧沢指導推進部長に聞く

本誌巻頭でお知らせしている通り、この4月から中学2年生になる生徒が受検する2022年度都立高校入試では、「中学校英語スピーキングテスト Supported by GTEC」（以下、スピーキングテスト）の結果が活用される予定です。中学3年生で11月～12月に実施されるスピーキングテストが重要な位置を占めるということです。そこでこのページでは、このスピーキングテスト導入を先頭に立って推し進めてきた都教育庁の瀧沢佳宏指導推進担当部長に、このテスト導入の意図と成り立ちについてお話を伺いました。聞き手は、森上教育研究所所長の森上展安さんです。

瀧沢佳宏 氏

東京都教育庁指導部　指導推進担当部長。都立両国高校副校長、東京都教育庁人事部、学務部を経て教育庁指導部へ。2019年4月より現職。

森上展安 氏

森上教育研究所 所長。1988年、同研究所設立。受験と教育に関する調査、コンサルティング分野を開拓。「受験」をキーワードにして幅広く教育問題を扱う。教育関連の著書、講演で活躍。

今月号は中高の英語教育に焦点をあてて、編集を進めました。とくに東京在住の中学生にとって、気になるのが、2021年度に始まる「スピーキングテスト」でしょう。その実施内容に迫るべく東京都教育庁・瀧沢指導推進部長へのインタビューを試みました。なお、このインタビューは1月24日に行われたものです。

長い時間をかけて準備されたスピーキングテスト

編集部：大学入試[※1]がああいうふうになってしまいました。

しかし東京都のスピーキングテストは、準備期間もかなり長く、ここまで進めてこられていることを存じ上げていますので、大学入試のように立ち消えにはならない、と考えています。

ところが、これら東京都の施策は、世の中には、あまりよく知られていない面があります。保護者のなかには、都立高校[※2]の入試日程のなかでス

なぜスピーキングテストを行うのか

ピーキングテストが実施されると思っている方もずいぶんいるのです。

本誌では、その辺をはっきりさせて、こういうふうにやるんだよ、ということを誌面に載せていこうと考えています。

これまでの経緯を伝えることはもちろんなのですが、「これから」に焦点をあててお話を伺いたいと思っています。

タイトルは「どうなる？　こうなる！　東京都の中学校英語スピーキングテスト」です。よろしくお願いします。

瀧沢部長：2年前、※3**『東京グローバル人材育成計画'20』**というタイトルで、英語教育、国際教育の包括的、中長期的なヴィジョンを設定し、具体的な施策を示しています。

今日のお話にもかかわると思うのですけれども、都立高校入試にスピーキングの評価を入れるという改革は単体で進めてきたというよりも、東京の英語教育をどうしていくのか、という議論から起こってきたものです。

東京の英語教育をどう進めるか そのうちの1つが「話すこと」

この計画のもとになった有識者会議、英語教育の戦略会議などで長期にわたって英語教育に関しての議論を続けてきました。この冊子の後半には、これらの議論の内容を掲載しています。これをお読みいただくと、東京都教育委員会では長い時間をかけてスピーキングテストの検討をしてきたということがおわかりいただけると思います。

いながらにして英語圏の生活を体験できるTOKYO GLOBAL GATEWAY（東京都江東区青海）。写真はファストフード店での買物体験

また、スピーキングテストに関する検討の経緯や内容についても、『英語「話すこと」の評価に関する検討委員会』の最終報告書や概要版を東京都教育委員会のホームページでご覧いただくことができます。

編集部：確かに東京都では、英語教育については様々な取り組みを以前から行ってきましたね。『東京グローバル人材育成計画'20』のなかでも言及されています。例えば、一昨年開設された体験型の英語学習施設※4**TGG（TOKYO GLOBAL GATEWAY）**には予約が殺到していると聞いています。ホームページなどを見ると、多様なプログラムにも驚かされます。

瀧沢部長：TGGはおかげさまで好評です。都立高校での取り組みとしては、すべての都立高校と都立中等教育学校では、※5**JETプログラム**（語学指導等を行う外国青年招致事業）による派遣で英語等指導助手（以

【注釈一覧】

本文中の傍線部に対する注釈一覧をページの下段に設けました。

◇

※1「大学入試がああいうふうになってしまいました」（33ページ）

文部科学省が推し進める大学入試改革では、現在の高校2年生が受験する2022年度大学入試から「大学入試センター試験」に代えて「大学入学共通テスト」を始める。そのなかの英語では、これまで試されていなかった「話す」「書く」の2技能も評価に加えることを表明、その方法として外部の民間検定試験の結果を活用することとしていた。

しかし、外部の検定試験を受ける費用は受験生の自己負担になるため、経済的な状況の不公平や、居住している地域による有利、不利への懸念から、受験生を公平に評価できるかが問われることとなった。文科省は、その懸念を払しょくできず、昨年11月に民間検定試験の導入を断念、受験生が英語民間試験を等しく安心して受けられるようにするには、さらなる準備時間が必要だとして「話す」「書く」の2技能の試験を加えることの延期が発表された。

延期の目標は、新学習指導要領が

下「JET」という）と呼ばれるネイティブ・スピーカーが配置されています。2名のJETが配置されている学校もあり、JETの数は全体で239人います。毎日、JETが学校に勤務していて、生徒は授業以外でも様々な場面で英語を使って日常的にコミュニケーションを取ることができます。

また、**東京イングリッシュ・エンパワーメント・プロジェクト（TEEP）**※6という、世界的な課題について日常的に英語を使って議論する、昼休みに英語で話しながら弁当を食べるといった取り組みも行っています。このように、生徒は授業のみならず、授業以外の様々な機会を活かして英語を使い、英語力を高めていくことができます。

生徒にとっては留学もありえるでしょう。東京都教育委員会の取り組みを1つ紹介します。将来、グローバル社会で様々な場面・分野において活躍できるリーダーを育成する都立高校生等への取り組みとして、1年間の留学と事前・事後研修からなる**「次世代リーダー育成道場」**※7というものがあります。英語圏の国に留学し、実際に学んだ英語を使う機会となっています。

編集部：そのような様々な英語教育に関する施策が行われてきたなかで、その1つとして長い間準備が進められ、いよいよ実施に近づいているのが、スピーキングテストというわけですね。

スピーキングテストの導入期はどうして2021年度なのか

学習指導要領が新たになるそのタイミングに合っている

森上：さて、2021年度から始まるスピーキングテストですが、21年度に開始する理由は、中学校の**学習指導要領**※8が実施されるからということでいいかと思うのですが、それだけではない部分もあるようですね。

瀧沢部長：はい。学習指導要領が変わるタイミングもありますが、**英語の4技能**※9をバランスよく指導するというのは、現行の学習指導要領、さらにその前の学習指導要領でもずっとうたわれてきたことです。

ですから、英語教育の改善のためにスピーキングテストの導入自体を目的として当初から検討していたわけではなく、『東京グローバル人材育成計画'20』にもあるように、英語教育のあり方について検討を行った結果、スピーキングテストの導入を決めたのです。

スピーキングテストを実施することについては、社会的に影響や反響が大きいということは十分に認識していました。そのため、実施方法について周到に検討を重ねるとともに、円滑に実施するため18年度には中3生1000人を対象とした**フィージビリティ調査**※10、翌年の19年度には77校の中3生8000人を対象としたプレテストを実施しました。20年度にはさらにもう1回、都内公立中3生全員を対象とした確認プレテストを行う予定です。このような段階を経て、円滑な実施に向かいたいと考えています。

森上：みなさんには、あまり知られていないけれど、東京都教育委員

適用される2024年度とし、2020年11月をめどに検討し結論を出すと発表している。
なお、これとともに国語、数学で導入予定だった記述式解答も、採点の公平性を担保できるかが問題となり再検討となっている。

※2「都立高校の入試日程のなかでスピーキングテストが実施されると思っている」（33ページ）
東京都のスピーキングテストについての報道がなされたあと、保護者のなかには、都立高校入試の英語学力検査でスピーキングテストが実施されるという誤解が、一部広がった。
実際には本文にある通り、その約3カ月前に行われるテストの結果が活用される予定である。本誌の今月号の特集もその誤解への懸念から掲載されるにいたった経緯がある。

※3「東京グローバル人材育成計画'20」（34ページ）
2018年2月、東京都教育委員会は「東京グローバル人材育成計画'20（Tokyo Global STAGE '20）」を策定し、46ページにまとめた。
「生徒の英語力」「教員の英語力」「国際交流」という3つの目標を掲

会はじつは着々とやってきたということですね。

瀧沢部長：そうです。今回、国（文部科学省）が進めてきた**大学入試**[※11]**での英語４技能テストが停滞すること**になりましたが、このこととは別に検討を進めてきていたのです。

４技能を評価するという狙いは国と同じですが、検討を行った背景や具体的な内容などは国と東京都の間では相当違うところがあります。

いうまでもないことですが、高校入試は、中学校での指導に大きな影響力があります。小中高一貫した英語教育を推進するうえで、中学校の学習の成果をみる高校入試において、中学校で指導してきた４技能を評価するべきという共通認識のもと、スピーキングテストを円滑に実施するための導入時期や実施方法を慎重に検討してきました。

その結果、21年度からスピーキングテストを実施するとともに、その結果を都立高校入試に反映させるという予定が決まり、そのための準備を進めているというところです。

「検定」的な考え方で進めるが入試にどう反映するかは検討中

森上：小学校の英語は20年度で完全移行完了ですね。その後は小学校でも英語を習ってきている生徒になるわけですから、タイミングが合ってきますね。

瀧沢部長：おっしゃる通りです。いいタイミングです。

「検定試験」のような考え方で基準に準拠した評価で進むのか

スピーキングテストの結果をどう評価するか

森上：スピーキングを評価することについてですが、スピーキングテストという名称に、「テスト」がついているので、生徒の胸中には、テストでなにを話すことになるのだろうか、ちゃんと話せるだろうか、という心配もあります。テストという言葉から、１問ごとに配点があり、何点取れたかという印象を持ちます。しかし、東京都が実施するスピーキングテストはそのような考え方ではなく、資格検定試験の考え方で実施するという方向性だと考えていいのでしょうか。

瀧沢部長：そうです。

森上：つまりは基準に準拠して評価されるととらえていいのでしょうか。

瀧沢部長：そうお考えいただいて結構です。

森上：その評価された結果を都立高校入試に活用するのですね。

瀧沢部長：はい。考え方としてはそうなります。

森上：受検生のなかには、ちょっとした差で点数が違ってしまうことに対する不安があるかもしれない。そこは従来のテストとは異なり、検定的な考え方に基づいて評価されるということは、受検生のみなさんは知っておいた方がいいのではないかと思います。

げ、20の施策に取り組むもので、本年の東京オリンピック・パラリンピックとその先を見据え、成熟した都市「東京」の姿と、これからのグローバル人材育成に向けた、学校教育のあり方が示された。

この冊子は、東京都教育委員会のHPにPDF化されて掲載されているので、だれでも見ることができる。

冊子「東京グローバル人材育成計画'20」

※４「TGG（TOKYO GLOBAL GATEWAY）」（34ページ）

東京都教育委員会と株式会社TOKYO GLOBAL GATEWAYが提供する、まったく新しいタイプの体験型英語学習施設（東京都江東区）。小学生から高校生まで、様々なレベルに対応。館内は海外の町並みを再現した空間が用意され、英語が飛び交う非日常な空間で与えられたミッションを通じ、英語コミュニケーションの成功体験が得られる施設となっている。

瀧沢部長：そうですね。絶対的な評価基準に照らして評価を出すということは、検定試験の性格としては当然のことですが、その評価を都立高校入試にどのように使っていくかについては、まだ検討中です。

森上：受検生が知りたいのは、そこだと思います。東京都教育委員会で検討した結果として、英語の学力検査の得点に**スピーキングテスト**※12**の得点を加える方法が２つ示されています。**

それ以上のことは今後公表されるということですね。

瀧沢部長：その通りです。

民間の検定機関を活用するのはなぜか

森上：今回、名称も「中学校英語スピーキングテスト Supported by GTEC」とすることになり、株式会社ベネッセコーポレーションと結んだ協定に基づいて実施されます。

大学入試が民間の検定を使おうとして頓挫したこともあって、なぜ民間を使うのかとの批判も見受けられます。その点についてはいかがでしょうか。

瀧沢部長：東京都のスピーキングテストは、既存の民間の試験をそのまま使うということではありません。委託契約にして問題作成から実施までのすべてを業者任せにする、というものではないのです。

出題される問題については東京都教育委員会が監修し、東京都教育委員会の承認を得ることとしています。問題の内容や評価のあり方、結果を活用した中学校への結果分析などを含めて、東京都教育委員会が協定を結んだ業者とともに検討していいものを作り出していく、ととらえていただければ幸いです。

スピーキングテストを全都規模で実施するにあたり、運営、管理といったハードの部分は、東京都教育委員会が直営でやるというのは現実的ではありません。そこは実績がある業者の強みを活かす。

しかし、ソフト、すなわち出題する問題については東京都教育委員会の方針をふまえて作成していくということです。

森上：国が大学入試改革でやろうとしていたものと違う点は、**たくさんの検定機関を並べてやる**※13のではなく、東京都はシンプルに1つの検定実施機関と提携するというところですね。

あとは、やはり学習指導要領に沿った問題で実施する、というところが大きく違いますね。

瀧沢部長：そうです。わが国には多様な英語検定試験がありますが、それぞれの検定試験の目的もそれぞれ異なります。性格の異なった検定試験の結果を高校入試に活用することには無理があります。

スピーキングテストの問題を監修するうえで東京都教育委員会として絶対に譲れないことは、学習指導要領に基づいて出題し、中学校の学習の成果として身につけたスピーキングの力を測るということです。中学校できちんと学習していれば、高い評価を得られるようなスピーキングテストでありたい。その視点に基づいて出題をします。

森上：要するに中学校できちんと学習していれば、都立高校入試にも十分対応できるのがスピーキングテストですよ、ということになりますね。

瀧沢部長：まさにその通りです。

※5「JETプログラム」（34ページ）
１９８７年度から政府主導で開始された事業で、語学指導等を行う外国青年招致事業（The Japan Exchange and Teaching Programme）の略。外国青年を招致して地方自治体等で任用し、外国語教育の充実と地域の国際交流の推進を図っている。

※6「東京イングリッシュ・エンパワーメント・プロジェクト（TEEP=Tokyo English Empowerment Project）」（35ページ）
社会・理科のニュース、身近な歌、スポーツ、ゲーム、テクノロジー、文化など豊富な話題を扱う動画学習コンテンツの導入や、ＪＥＴ青年の活用を通して、学校生活のなかで生徒が日常的に英語に触れる機会を増やす試み。

※7「次世代リーダー育成道場」（35ページ）
国内の事前研修で様々なことを学び、その成果をもって海外でのチャレンジを支援する事業。毎年２００人の生徒を海外に派遣している。

どう行われる？ スピーキングテスト

スピーキングテストの内容は公開し公明正大に指針を示す

森上：プレテストの問題や正答例は東京都教育委員会のホームページで公開されています（6ページ参照）。

21年度に始まるスピーキングテストでも同じように公開されるのですか。公開すれば、塾などで対策が進むとか、問題の品質が長く担保されるのか、などと心配をする向きもあります。

瀧沢部長：そのような懸念は承知していますが、現在は問題を公開していく方向で考えています。

ご指摘の通り、公開の是非については様々な意見があります。通常の検定試験は公開していないものも多いですね。しかし、公開しなければ、テストの出題内容を知ることができません。

今回、新しく試験を開発することになった理由の1つにもなったのですが、東京都のスピーキングテストは、普通の資格検定試験のように、資格検定実施団体が独自に設定した到達度を測ることを目的とはしていません。

小中高一貫した英語教育を進めるために、中学校での学習の成果と高校の学習を円滑に接続させる1つの手段としてスピーキングテストを位置づけているのです。

中学校や高校の先生方には、ぜひ公開された問題をご覧いただき、日常の授業でも授業改善の一助にしてもらいたいと思っています。

スピーキングテストの内容が非公開だと、塾に通っている生徒が有利になるとか、公開すると、日々の授業ではテスト対策が目的になってしまうとか、様々な懸念が出てくることも認識しています。

そこで、東京都教育委員会が出題方針と問題を公開することで、生徒に対しては「中学校で授業を通してスピーキングの力をつけてほしい」、先生方に対しては、「生徒の4技能を伸ばす授業展開を自信を持って続けてほしい」というメッセージを送りたいのです。

問題の内容を公開することで、授業をしっかり受けていれば高い評価を得ることができるテストであることを示したい。つまり、日々の授業を通じて話すことの技能を身につければ、スピーキングテストでいい点数が取れるものにしたいと考えています。

東京都のスピーキングテストはほかの検定とはどんな違いが？

ほかの検定と大きく違うのは学習指導要領に即している点

森上：英語に関しては、英検など色々な検定があるのですが、そういうものとの違いはどのあたりですか？

※8「学習指導要領」（35ページ）

文部科学省が定める教育課程（カリキュラム）の基準のこと。幼稚園から高等学校まで全国どこの学校でも、この基準に基づいて授業を行う。学習指導要領は社会のニーズや時代の変化に沿って、約10年ごとに改訂される。

今回の新しい学習指導要領は、小学校では2020年度、中学校では21年度、高等学校では22年度の入学生から年次進行で実施される。

※9「英語の4技能」（35ページ）

「4技能」＝'four skills'の直訳。listening（リスニング）、speaking（スピーキング）、reading（リーディング）、writing（ライディング）技能のこと。英語を、「聞く」「話す」「読む」「書く」の4つのコミュニケーション能力のこと。

「生徒の英語力」を充実させたい都の方針から、東京都教育委員会では、来年度から英語スピーキングテストを導入する予定であり、これによって4技能のバランスのとれた育成をさらに推し進めたいとしている。

瀧沢部長：繰り返しになりますが、学習指導要領に基づいた内容で出題するということです。

森上：確かにほかの検定は学習指導要領とは一線を画しています。

結局、ほかの英語検定は、学校の学習の成果を測る性格ではないわけですからね。

瀧沢部長：もう1つの違いは、問題の内容を公開し、採点の基準も公開して、どのように試験が実施されるのかを、学習者や指導者とも共有するという点です。

※14「三単現のS」がついていることが高得点のポイントとか、英語の発音が上手な帰国生徒が有利なんじゃないか、というような憶測も聞かれますが、そのようなことはありません。

問題や採点基準などを示すことで、スピーキングテストにかかわるすべての方々にスピーキングテストの狙いなども含めてご理解いただければと思っています。

「話すこと」も学んできたのに評価できるシステムがなかった

公平性から見た都立高校入試の英語

森上：現状の都立高校入試の英語は、「読む」、「書く」、「聞く」は評価してきたけれど、「話す」技能は試されてこなかった。

例えば、英語で話すことは得意だけれどほかの技能はあまり、という生徒はどうか。

従来の入試にはスピーキングはなかったわけですから、元々この生徒たちの得意な部分は評価のしようがなかった。これを入試の公平性からみるとどうでしょうか？ 疑問は出てきますね。

4技能を共通して評価しようというのは学習指導要領の基本ですから、今回でやっとまともな形になるのかなぁと思うのですが。

英語を「話すこと」が得意な生徒はそのことを評価されてこなかった

瀧沢部長：4技能のうち、話すことが好きで得意な生徒も当然いるわけです。

中学校の授業では「話すこと」も含めて4技能を学んできたのに、高校入試でスピーキングだけは試さないという現状を改善する必要があると考えてきました。

これも繰り返しになりますが、高

※10「フィージビリティ調査」（35ページ）
実現可能かどうかを検討するため、事前に予備的に行われる調査・研究。

※11「大学入試での英語4技能テストが停滞」（36ページ）
34ページ※1の注釈参照

※12「スピーキングテストの得点を加える方法が2つ示されています」（37ページ）
5ページ参照

※13「たくさんの検定機関を並べてやる」（37ページ）
注釈※1で触れた既存の大学入試センター試験に代わる「大学入学共通テスト」では、活用される受験可能な外部の英語の民間検定試験として、英検、GTECなど6つの検定試験があげられていた（注釈※1の通り、見送りとなった）。

※14「三単現のS」（39ページ）
「三単現」の「三」は「三人称」を、「単」は「単数」を、「現」は「現在」をさし、〝三単現〟とは、主語がheやshe itで、動詞が現在形のとき、動詞に-sや-esをつけるルール。

校入試では中学校で学んできた4技能すべてを評価するべきだ、というのがスピーキングテストを導入するにあたっての基本的な考え方です。技術革新でそれができるようになってきたので、本来あるべき姿にしましょうというのが、スピーキングテスト実施に対する思いです。

森上：スピーキングも評価するとなって、保護者の間には、中学校や、先生によって、指導の内容に差異が生じるのでは？　といった懸念があると思います。そのような懸念があるなか、東京都としては、指導面の平準化とか、その不安を解消されるべくやっていることがありますか。

瀧沢部長：映像資料や指導資料を作ったり、中学校の英語科の先生全員を対象に研修を実施したりしており、今年度も、今回のスピーキングテストも意識して、授業で活用できるような新たな教材を作っています。2月末にその一部が完成する予定です。

試験日は1回だけ実施予定だが「予備日」設定は想定している

スピーキングテストの受験機会は1回

編集部：大学入学共通テストで想定していた外部の検定試験[※15]では2回受ける機会があったのですが、都のスピーキングテストは1回の受検ですね。

瀧沢部長：正確には1回とプラス1回です。インフルエンザ罹患等の場合などを想定していて、一定期間を空けてプラス1回を実施することを考えています。

編集部：実施予定としている21年11月第4土曜日から12月第2日曜日までの期間の土日祝日をカレンダーから拾っていくと、合計で6つの日があります。

複数日が設定され、生徒がそのなかから受験日を選ぶわけではないのですね（4ページ参照）。

瀧沢部長：該当する土曜日と日曜日、計6つから1日が実施日となります。そして、インフルエンザに罹患した等の事情で受験できなかった生徒のために予備日を設定します。

編集部：具体的な実施日はこれから決まるわけですね。

瀧沢部長：はい。現時点では未定です。

どこに住んでいても有利不利なし試験会場は通学先の中学ではない

島しょや西多摩の生徒も不利にならないように

編集部：ここで少し、具体的な実施についての質問をさせてください。大学入試の英語で、新たな技能を民間の検定機関で測ろうとした際に、問題点となった、島しょの生徒や西多摩の生徒さんたちの負担はいかがなりますか。

森上：受験料については、都がすべて負担するわけですから、大学入試で問題になった点は1つクリアできています。

瀧沢部長：島しょや西多摩郡等には必要な配慮をしたうえで実施します。昨年のプレテストでは、すべての区市町村で、もちろん西多摩郡や島しょ部でも実施しました。その結果や反省点を十分にふまえて試験会場の設定をしていく必要があると考えています。

編集部：いまお話のあった試験会場についてお伺いします。スピーキングテストの会場は、生徒の在籍している中学校にはならないということですか。

瀧沢部長：そうです。会場は検討中ですが、会場を生徒が通学している中学校とすることは考えていません。西多摩郡や島しょ部に住んでいる生徒についても、公平性を担保したうえで適切な試験会場を考えていくことになります。

学習指導要領に合わせて英検3級レベルの出題に

編集部：スピーキングテストの出題内容、率直に申し上げればレベルについてお伺いします。中学の学習指導要領の範囲内で出題するということは、出題される問題のレベルは

テストレベルは英検3級を想定 配点の割合は検討を続けている

英検では3級程度と考えていいですか。

瀧沢部長：そうですね。それくらいのレベルになると思います。

森上：生徒だけではなく保護者にとっても、出題される問題のレベルは気になると思います。例えば日比谷など入試が**自校問題作成校**[※16]を志願する生徒や保護者にとっては、自校問題作成校ではスピーキングテストの結果は活用されるのか、活用される場合の配点は何点となるのか、といったことが気になると思います。

瀧沢部長：気になることはもっともだと思いますが、いまのご質問については、教育庁内で検討中です。

森上：従来から学力で選抜してきたわけですから、スピーキングも学力であるという考えに基づいて反映する方向でしょうか。

瀧沢部長：そういう方向ですね。

編集部：日比谷の話が出ましたが、出題内容が英検3級レベルでは、**進学指導重点校**[※17]などを受検する生徒には非常に簡単な問題にならないか、いっそのこと自校問題作成校向けのスピーキングテストを開発するべきという意見もあるのですが、いかがでしょう。

瀧沢部長：ご指摘の課題は把握しております。自校問題作成校での扱いをどうするかも検討中です。しかし、どの生徒に対しても4技能を測るという基本的な考えに立って検討しています。

スピーキングテストは実際にはどのように実施されるのか

前もって準備された タブレット端末を使用する

編集部：スピーキングテストは受験者には、ほかの受験者がなにを話しているか聞こえないようにして実施するのですね。大学入試センター試験のリスニングテストでは、毎年のように機器の不具合が起きてやり直しをしている受験者がいます。プレテストでは、類似のアクシデントはありましたか。

瀧沢部長：技術的なアクシデントはありませんでした。生徒が操作を誤って、ほかの生徒と同じタイミングで受験できなかったことは数件ありました。そのような事態は想定していましたので、発生が判明したあとは、すぐに別室に移って受けてもらいました。

この対応は準備していましたから、いわゆる事故、アクシデントに相当するものはいっさいありませんでした。

森上：スピーキングテストは完全にCBT（コンピューターベーステスティング）でやるわけですか？

瀧沢部長：教室に放送を流したりとか、ネットワークを使ってコンピューターにいっせいに情報を流したりするわけではあ

2019年11月18日、都内の中学3年生に対して行われた「東京都英語スピーキングテスト」のプレテスト。他の音が聞こえないようイヤホンの上に防音イヤーマフをつけ、専用のタブレットの指示に合わせて発話する（写真提供：朝日新聞社）

りません。

前もって録音されているタブレット端末に、指示に基づいて生徒個々が音声を吹き込む形です。

生徒はタブレット端末にイヤホンを接続します。そして、イヤホンをつけた耳の上に防音用イヤーマフを装着し、ほかの生徒の解答が聞こえない状態でテストに臨みます。

東京都のすべての中学生が 受けてこそテストの意味が

森上：公立中学校に通っている生徒や都立高校入試を受ける生徒がスピーキングテストを受けることになるわけですが、そのほかの中学生はどうなりますか。例えば私立の中学生はいかがでしょうか。

瀧沢部長：東京都の中学校に在籍している生徒は私立も含めて、10万人くらいです。

10万人のうち、都立高校に進学する生徒は5万人ぐらいですが、都立高校に進学する・しないに関係なく、中学で学んだ「話す」ことの成果を測り、現状を把握するという趣旨から公立中の3年生は全員が受験する方針です。

また、私立の中学校や高校にも活用していただけるような仕組みにしたいと考えています。

森上：私立の側からスピーキングテストに関する意見は出ているのですか。

瀧沢部長：私学も4技能を育成するべきだということには基本的に賛成だと認識していますが、実施するうえでの具体的な内容はこれから調整していく必要があります。

私学でも、ぜひ、スピーキングテストの結果を活用していただきたいと思っています。

また、ほかに検討するべき点として、スピーキングテストの実施後の時期に帰国する中3生が都立高校を志望する場合もありえるわけで、その対応も考えねばなりません。

入試での活用方法における詳細な点についても多角度からみながら検討していきます。

スピーキングも学力の1つ

学力としての スピーキングを培っていく

森上：これからは小学校から教科として英語を学んだ生徒が高校に入学します。小学校2年間＋中学校3年間、計5年間で学力としての英語はどの程度身についているかを総括しないと次に進めないですよね。

高校に入るときにどういう学力なのかがわからないと、次の指導が上乗せにならないですから。

スピーキングに限らず、入試の機会に、そこをしっかり評価ができるのは、高校側にとってもメリットが大きいのではないかと思います。

瀧沢部長：おっしゃる通りです。高校では入試の結果を分析して、入学時の生徒の状況を把握することを以前から進めてきています。しかし、スピーキングについては入試では課

将来的に「英語ができる人」のイメージが変わりそう

高校入学時の英語で話す力をこれからは知ることができる

してきませんでしたから、「話すこと」は、これまで把握できていませんでした。

　これが可能になることによって、高校では、他教科や英語の他の3技能と同じようにスピーキングについて、生徒の入学時の状況をふまえた指導が可能になります。その点でも高校側にとっても非常に意義のあるものになると思います。

森上：ところで、発音についてですが、帰国生徒の保護者のなかには、イギリス英語とアメリカ英語は違うけれど、発音の評価はどのようにするのか、という疑問を呈する人もいるでしょう。発音の評価はいかがでしょうか。

瀧沢部長：英語の発音には様々なアクセントがあって当然で、日本人の英語のアクセントがあってもかまいません。

　現在、世界の英語の使用者は、英語を母語とする人数よりも、英語を母語としない人数の方がはるかに多いですから、イギリスやアメリカの発音でなければ英語としてはダメだということにはなりません。

　実際の社会では、中国語やヒンディー語の影響を受けたアクセントを持っている人など、多様なアクセントを持つ人々と英語でコミュニケーションをしていく場面がありますよね。そこで重要なのは、ネイティブ・スピーカーのように話すことではなく、相手を意識して自分の言うことがわかるように発言することです。

　東京都のスピーキングテストにおいても、ネイティブ・スピーカーのように話したらいい点数が取れるというような評価基準は設定していません。

森上：これまでは「英語ができる人」で思い浮かべるイメージは、試験の成績がいい人でした。このスピーキングテストが入ってくることで、「英語ができる人」のイメージが変わってくるだろうなと思います。

　一方、ビジネスの現場では、世界中の相手と話すこと、メールを打てること、つまりスピーキング、ライティングが大事になってくるので、今回の施策は、そのあたりにつながってくるのかなというイメージを持っているのですが、いかがですか。

瀧沢部長：実際の社会で、どの場面で4技能のどれが重要かという議論は、入試とは切り離して考えるべきです。

　おっしゃるように社会において4技能はどれも必要です。スピーキングはコミュニケーションにおいて一番起こりうるものの1つとして重要です。

　Eメールをやり取りすることが必要な人にとっては、ライティングの技能も非常に重要だとのご指摘も理解できます。

　また、リーディングも重要になっ

※15「外部の検定試験では2回受ける機会があった」（40ページ）
　大学入学共通テストでは、前項注釈※13で示した英語の外部検定試験は、高校3年生の4月～12月の間に受検した2回の検定試験の得点を大学入試に活用することになっていた。

※16「自校問題作成校」（41ページ）
　現在、都立高校のうち、進学指導重点校と進学重視型単位制高校の合計10校の入試では、国語・数学・英語の3教科の学力検査問題を自校で作成している。

※17「進学指導重点校」（41ページ）
　現在、指定されているのは日比谷、西、国立、八王子東、戸山、青山、立川の7校（2018年度から5年間指定）。

※18「東京グローバル10」（44ページ）
　東京都教育委員会は、次代を担うグローバル・リーダー育成に向けた学校の取り組みを支援するため、都立高校と都立中等教育学校のなかから10校を選定し「東京グローバル10」に指定している。指定校は海外語学

てくる場面があります。

例えば、大学に入ったら入学直後から英語の論文を読むということが必要になるという状況があります。理系の学生なら英語で書かれた文献を読んで研究をし、国際的な学会でプレゼンテーションをするというようなことがありますから、やはり4技能全部が必要になると思います。

中学校、高校の教育で重要なことは、高校を卒業して大学に進学したり、社会に出たりしたときに、それらの基礎になるものを培うことだと思います。

スピーキングの力が不十分のまま大学に入学した学生が、スピーキングの力が必要になった。そのときになって、練習すればすぐ伸びるということはないですよね。

学習指導要領でうたわれているように、小中高を通じて4技能をバランスよく伸ばしていくわけです。そして、そこで学んだ結果を評価していく必要があると思います。

これからのグローバル社会では英語4技能はすべて大切になる

今後の英語教育はどう変化していくか

編集部：スピーキングテストが21年度から実施されて制度として定着したら、高校の英語教育が変わっていくでしょうか。または、こんなふうに変わっていったらいいな、という期待はありますか。

瀧沢部長：高校の英語教育も、スピーキングテストの実施方法等も含めて、色々変わってくるのだろうと思います。

そして、高校卒業後の進路や大学入試に関係なく、英語は4技能を高めていかないといけない、という考えは、生徒自身の間にも、保護者の方々の間にも共有されています。

東京都では「東京グローバル10」[※18]という名称で、グローバル人材の育成に重きをおく学校として10校を指定しています。指定されている10校には進学指導重点校の日比谷や西のほかにも英語とビジネスの教育に重点をおく千早も入っています。これはなにを意味するか。つまり英語の活用の仕方には、多面性があることを想定しているのです。

4技能習得に向けた英語教育の改善が行われてきているということは、英語教育に携わる者であれば実感していると思います。

編集部：スピーキングテストの導入によって、よりコミュニケーションを重視した授業になっていくのでしょうね。英語を通して、生徒と先生との授業中のやり取りもより活発になりそうです。

瀧沢部長：そうですね。学習指導要領が狙っているのは、授業をコミュニケーションの活動が行われる場としましょうということだと思います。

英語の授業は英語で行いましょう、という話を聞くと、文法を日本語、英語のどちらの言語で教えるのが適切なのか、という議論におちいりがちなのですが、重要なことは説明の言語の選択ではないのです。必要であれば日本語を使って説明することだってあってもいいのです。しかし、ほとんど日本語で授業が行われているという状況が過去にあったとするならば、それを改めて、英語が普通に使われるように変えていきましょうということだと思います。そのように必ず変わっていくと思います。

森上：中国の現状などをみていると、日本での英語習得の実態は、かなり遅れを取っていると感じます。今回のスピーキングテストをきっかけに少しでも前に進めるといいですね。

瀧沢部長：同感です。英語教育に関して、日本がガラパゴス化[※19]してしまうことだけは避けたいのです。

編集部：今日は、貴重なお話をありがとうございました。

研修、国際交流、海外大学進学支援など、学校独自の特色ある取り組みを実施する。10校の学校名は3ページ参照。

※19「ガラパゴス化」（44ページ）
外界から隔絶された環境下で独自の発展を遂げ、その結果として世界標準の流れからかけ離れていく状態を揶揄（やゆ）する表現。南米のガラパゴス諸島は、大陸から遠く外敵の侵入がないため、生物が独自の進化を遂げたことからきている。

何かをしたい、をカタチにしたい。

中央大学杉並高等学校

〈共学校〉

都内でも珍しい、高校から始まる7年間の高大一貫教育校である中央大学杉並高等学校（以下、中杉）。すべての生徒が高校から入学し、例年9割以上の生徒が中央大学へと進学しています。

模擬裁判選手権、PBL版グローバル・スタディーズ（カンボジアで学ぶSDGs）、卒業論文など、7年間の豊かな時間を活用した独自のプログラムで、各界から注目を集めています。

ケンブリッジ英検の導入

その中杉が、また1つ新たな取り組みを始めました。それがケンブリッジ英検の導入です。ケンブリッジ英検は、100年以上の歴史を持つ英語検定試験で、中杉では全生徒がこの試験を校内で受検するようにしました。

ケンブリッジ英検の特徴として、まず世界標準であるということ、そして非英語圏に暮らす高校生の英語能力を測るにふさわしい試験であるということがあげられます。中杉では中央大学と共同で、今の高校生にとって何が必要であるかを協議し、その結果選ばれたのがこのケンブリッジ英検です。

山岸竜生副校長は、「中学生のみなさんには『大学に入ること』自体を目標にしてほしくありません。大学生にならないという選択肢はあっても、社会人にならないという選択肢はありません。そうであるのなら、社会人になることから逃げずに、真正面から向き合ってほしい」と語ります。

2019年、英語民間試験の大学入試への活用をめぐって大きな混乱が生じました。しかし、中杉では、社会人になったときに何が必要かという観点から、ケンブリッジ英検の導入を決定しており、大学入試がどのように変わろうとも、社会人を育てるという中杉の一貫した姿勢がぶれることはありません。

これが高大一貫教育校である中央大学杉並高校の強みなのです。

ニュージーランドへのターム留学

新しい取り組みの2つめは、2020年度から始まるニュージーランドへのターム留学制度です。ターム留学とは、1年生、あるいは2年生の3学期に、ニュージーランドの高校に3カ月間ホームステイで留学するといったものです。

中杉では20年ほど前から、オーストラリア研修、イギリス・オックスフォード研修、アジア研修、さらには2年前から全員必修の台湾研修を行ってきましたが、このターム留学が始まることによって、中杉生にとって新たな選択肢がまた1つ増えることになります。

ターム留学について大田美和校長は、「中央大学への内部推薦資格を保持したまま、休学しないで留学できるので、生徒の関心も非常に高くなっています」とのべています。

ここ数年、人気急上昇の中杉ですが、さらなる受験生の注目を浴びることになりそうです。

●Address
東京都杉並区今川2-7-1
●TEL
03-3390-3175

●Access
JR中央線・東京メトロ丸ノ内線「荻窪駅」西武バス8分、西武新宿線「上井草駅」徒歩12分

●URL
http://www.chusugi.jp/

学校説明会〈要予約〉
6月20日（土）
8月29日（土）
10月31日（土）
11月28日（土）

文化祭（緑苑祭）
9月19日（土）
9月20日（日）

「圧倒的英語力」が身につく！

「特進留学コース15期生帰国報告会」

佼成学園女子高等学校（こうせいがくえんじょし）

佼成学園女子高等学校（以下、佼成女子）の「特進留学コース」は、高2の1クラス全員が1年間、ニュージーランドの高校に留学します。

２０１９年12月、１年留学を終え帰国したばかりの15期生が、現地での様々な活動を発表する帰国報告会が開催されました。

クラスまるごと1年留学「特進留学コース」の全容！

「特進留学コース」の留学期間は、高１の1月～高２の12月ですが、留学準備は高１の４月からスタートします。出発前に英検２級合格を目標とし、現地到着後スムーズに留学生活に入れるよう、英語４技能「聞く、話す、書く、読む」を徹底的にトレーニングします。

２０１９年に15回目を迎えたクラスまるごと1年留学には、28名の生徒が参加しました。ニュージーランド到着後、４日間のオリエンテーション合宿を経て、生徒たちは1人ずつ各ホームステイ先へと分かれ、ニュージーランドの3地区にある14校で、留学生活をスタートします。

長年の留学指導をもとにした佼成女子のフォロー体制は万全で、３月～４月に佼成女子国際部教員が現地を訪問し、１人ひとりカウンセリングすることで、初めての留学生活にとまどう生徒をフォローします。また折り返し地点となる7月の合宿では、留学前半の振り返りを行い、今後の目標を定めます。

そして留学の仕上げは、オーストラリアのシドニー大学で実施される2週間の研修です。午前中はＩＥＬＴＳ対策講座、午後は大学教授による講義やシドニー大学の学部生とのワークショップを行うなど、生徒たちは、フィールドワークの研究結果を英語で発表できるようになるまでに成長を遂げます。

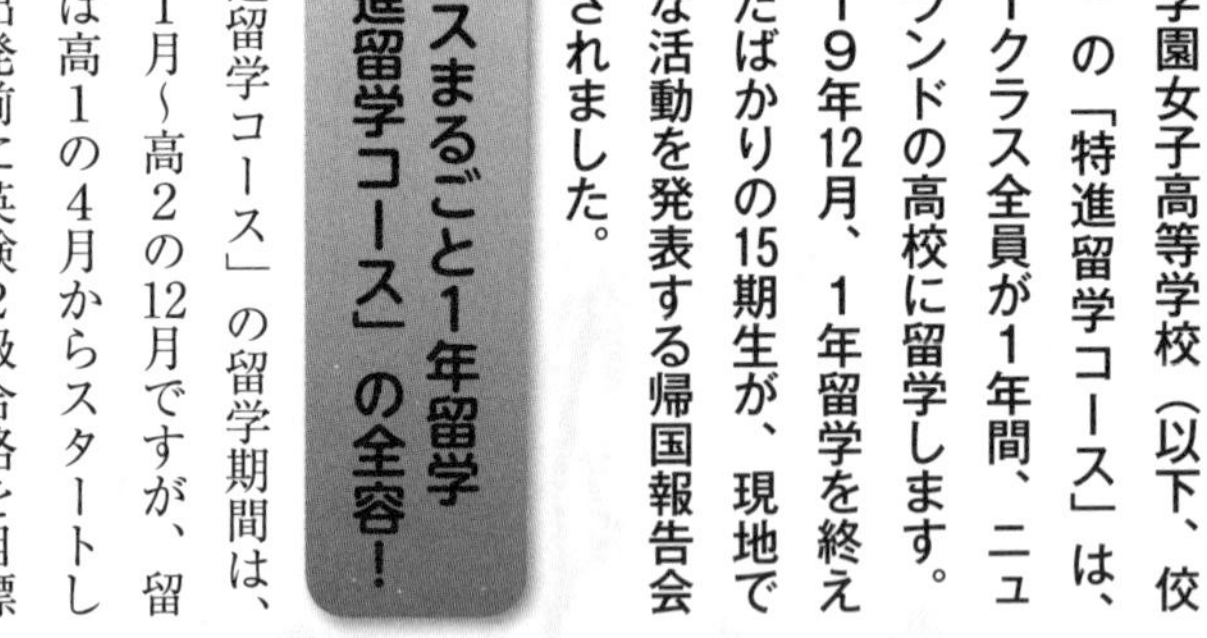

ニュージーランドでサーフィン初体験！

1年間の留学を終えて

この留学では、ホームステイをしながら現地の生徒といっしょに授業を受けるだけでなく、留学する1人ひとりが興味のある課題を設定し、自ら探究するフィールドワークも合わせて行っています。

さらに、留学先の現地高校の受け入れ態勢もしっかりと整っており、留学生のためのイベントなどが数多く行われています。

最後に留学を終えたばかりの2人の生徒さんに、1年間の感想を伺いました。

優しかったホストファミリーといっしょに

【二宮千遥さん】

私は、Napier Girl's High Schoolに留学しました。現地でのフィールドワークは、ニュージーランドの子どもの貧困をテーマに、一般市民や慈善事業団体の方々にインタビューやアンケート調査を行いました。

最初の2カ月くらいはホームシックになりましたが、現地校の先生やホストファミリーにアドバイスをもらいながら話しているうちに、英語力がどんどん身につき、楽しくなっていきました。

色々な国の留学生が集まるイベントに参加したことで、ニュージーランドだけでなく、世界中の国に友だちができました。

将来は海外で活躍できる仕事に就きたいです。

【古澤佑貴奈さん】

私は、ホームステイ先の家族が優しい人たちで、ホームシックにはなりませんでしたが、留学したBethlehem Collegeが小学校からの共学一貫校だったので、結束が強く、友だち作りに悩んでいました。

そんなとき留学生たちが集まるイベントに参加し、中国、タイ、韓国など、ほかの国の留学生と話をすることで、「孤独を感じているのは自分だけじゃないんだ」とわかり励まされました。

授業では、英語の本を読んで感想を書く宿題が毎日出て大変でしたが、おかげでリーディングのスピードは上がり、リスニングでもシドニー大学の講義がすんなり理解できるようになりました。

将来は英語教師になるのが夢です。

ラフティングも体験しました！

この特進留学コースの生徒たちは、帰国後、80%近くが英検準1級に合格し、なかには1級合格者もいるほどです。そして、英語4技能の能力を総合的に測定するTOEFL iBTや海外進学の指標となるIELTSにスムーズに移行できるよう指導します。

生徒たちが留学で学ぶのは語学力にとどまりません。異文化での孤独な環境のなか、日本の家族のありがたみを感じ、さらに困難を乗り越えたことが自信につながり、その後の大学受験さらには就職へと、夢を実現する「人間力」が培われていきます。特進留学コースの卒業生は、この経験を糧に、国内・国外を問わずグローバルな舞台で活躍しています。

佼成学園女子高等学校

所在地：東京都世田谷区給田2－1－1　TEL：03-3300-2351
アクセス：京王線「千歳烏山駅」徒歩5分

世界中の留学生が友だちに

G 普通教室での授業　H 特別教室での授業

突撃スクールレポート

國學院高等学校（こくがくいん）

〈共学校〉

大規模校だからこそ「親身の指導」を大切にする國學院高等学校。１人ひとりの課題に寄り添いながら、生徒の目標達成を支援します。

付属校&進学校として幅広い進路希望に応える

１９４８年の開校以来、併設中学校のない高校単独校として、バランスのとれた全人教育に取り組む國學院高等学校（以下、國學院）。学校周辺の明治神宮外苑エリアでは、スポーツや文化など、東京の新しい魅力を発信するための環境整備が進んでいます。

國學院は、１学年約６００名の生徒が在籍する大規模校ですが、高校募集時にはコース区分などがないため、新入生は、みな同じ条件で高校生活をスタートすることができます。

「本校は生徒数が多い反面、『親身の指導』をとても大切にしており、教員が積極的に生徒とコミュニケーションを取ることが伝統となっています。なかでも、年３回実施する面談週間では、各担任が生徒１人ひとりと時間をかけて様々な話をします。

教育目標にもあるように、本校はなにかに偏ることのない全方向性を持った学校です。高校３年間で色々なことに取り組み、社会に出るうえで基礎となる力を、しっかりと身につけることをめざしています」と話されるのは入試広報部長の柳町和洋先生です。

また、國學院大學の付属高でありながら、都内屈指の進学校である点も國學院の特徴の１つです。高校３年間をみてみると、１年生は基礎学力をつけることを目的としたカリキュラムで、２年生から

Photo　A 体育祭　B 文化祭　C 修学旅行　D ２年校外教授　E イギリス研修　F オーストラリア研修

写真提供：國學院高等学校

文系・理系に分かれて大学受験を意識した授業に入ります。そして2年生の修学旅行を境に本格的な受験モードに入り、3年生で学校推薦も含め、各々の進路決定に向けた準備に取りかかります。

大学受験に関しては、外部講師による長期休暇中の講習や3年生の勉強合宿など、様々な学習機会を用意しています。一方、最も大切にしている点は、授業への準備や取り組み方など、当たり前のことを、泥臭く、日々徹底して指導していることです。小テストへの取り組みや課題提出についても、細かいことですが、徹底して指導しています」と柳町先生。

毎年、2割弱の生徒が無試験推薦で國學院大學へ進学し、その他8割強の生徒は、早慶上理・G－MARCHといった難関大学へ果敢にチャレンジしています。

高い語学力と国際人としての感性を育む

昨今、英語民間試験の結果を大学入試に利用する大学が増えていることをふまえて、國學院では、英検への取り組みに以前にも増して力を入れています。

1・2年生は年3回、3年生は年1回の英検受験を全員必修にしており、長期休暇中には英検講習を実施しています。外部講師による年5回（1・2年生は3回必修）の英検講習を通して、生徒全員の英語力の底上げを図りながら、高校卒業までに英検2級の取得をめざします。

その結果、全国の高等学校のなかで、年間の英検合格者が最多であったことが評価され、2017年から2年連続で「文部科学大臣賞」を受賞しています。

また、海外語学研修も充実しています。1年生が参加するプログラム（約2週間）は年々希望者が増えており、2019年から、これまでのカナダ、オーストラリアに加えて、イギリスが追加され、全部で3カ国・5コースの研修が用意されています。2019年は、約260名の希望者全員がいずれかのコースに参加しています。

2年生には英語習得に特化したカナダでの語学学校研修が好評で、基本的に観光などはなく海外の生徒といっしょに英語漬けの2週間を過ごします。さらに推薦等で進路が決定した3年生を対象とした短期留学制度もあり、これらの海外研修に興味を持って入学する生徒も少なくないようです。

「本校は、伝統を大切にしつつ、近年は学校長のリーダーシップのもと、校内施設の整備や教育内容の充実など、積極的な改革を実施してきました。学校行事も大変盛んな学校なので、2020年は、神宮外苑という絶好の立地を活かして、地域との交流をさらに深めていくことになると思います。勉強だけでなく、部活動や学校行事など、高校3年間を、思いっきり楽しめる学校です」（柳町先生）

スクールインフォメーション

所在地：東京都渋谷区神宮前2-2-3
アクセス：地下鉄銀座線「外苑前駅」徒歩5分、JR中央・総武線「信濃町駅」「千駄ヶ谷駅」徒歩13分、都営大江戸線「国立競技場駅」徒歩12分
生徒数：男子779名、女子978名
TEL：03-3403-2331
URL：https://www.kokugakuin.ed.jp

2019年度大学入試　おもな合格実績

国公立大	20名	明治大	61名
早稲田大	21名	青山学院大	35名
慶應義塾大	6名	立教大	51名
上智大	27名	中央大	51名
東京理科大	13名	法政大	75名

あの学校の魅力伝えます
スクペディア No. 13

専修大学附属高等学校

（せんしゅうだいがくふぞく）

東京都　杉並区　共学校

所在地：東京都杉並区和泉4-4-1　生徒数：男子629名、女子647名　TEL：03-3322-7171　URL：http://www.senshu-u-h.ed.jp/
アクセス：京王線「代田橋駅」・地下鉄丸ノ内線「方南町駅」徒歩10分、京王井の頭線「永福町駅」徒歩15分

実りある3年間を支える多彩な取り組み

校訓に掲げられた「誠実・努力」が示す通り、こつこつと努力できる誠実な人材を数多く送り出してきた専修大学附属高等学校（以下、専大附属）。2019年には創立90周年を迎え、教育内容や学習環境がさらに充実しています。

その魅力の1つは、それぞれの興味関心に合わせて学べる体制にあります。生徒の8割以上が専修大学に推薦で進学している専大附属では、受験勉強に縛られない時間のゆとりを活かして、教養を深めるプログラムや部活動に力を注ぐことができます。

なかでも、高大連携システムを利用した、韓国やニュージーランドへの留学プログラムや、専修大学の法廷教室を使った模擬裁判への参加は、専大附属ならではです。

もちろん、国立大学をはじめ他大学をめざす生徒へのサポートも手厚く行われています。高3からは、専修大学へ進学する生徒とコースを分け、それぞれの希望進路に向けて丁寧に指導していきます。

教養や知性を深める数多くのプログラム

受験に向けた勉強だけでなく、教養や知性を深めることが重要と考える専大附属には、様々な分野の学びを体験できるシステムが用意されています。

土曜日に開講される選択講座は、科目別に受験対策を行う「受験」、さらなる学力アップや資格取得に挑戦できる「チャレンジ」、幅広い教養を得られる「高大連携」の3つにコース分けされており、好きな講座を受けることができます。

地域交流に積極的に取り組んでいるのも、特徴の1つです。前述の選択講座や部活動に参加する生徒が中心となり、イベントやボランティアの企画・運営に携わっています。こうした活動を通して幅広い世代の方々とかかわり、他者と協力する経験を積むことは、生徒の自主性や責任感を育む一助となっています。

また、こうした取り組みを支える設備が整えられているのも魅力です。冷暖房完備の教室・体育館をはじめ、カウンセリングルームのある保健室や、校舎の最上階にあるウッドデッキなど、生徒が伸びのびと過ごせる環境がそろっています。

このように、生徒の充実した生活を多面的に支える専大附属で、実り豊かな3年間を過ごしてみませんか。

東京純心女子高等学校

東京都　八王子市　女子校

所在地：東京都八王子市滝山町２-600　生徒数：女子のみ247名　TEL：042-691-1345　URL：http://www.t-junshin.ac.jp/jhs/
アクセス：JR中央線ほか「八王子駅」・京王線「京王八王子駅」ほかバス

独自のプログラムで自立した女性を育む

東京純心女子高等学校（以下、東京純心女子）は、１９６４年の開校当初より、キリスト教の精神に基づく教育を行い、女子教育の発展に尽力してきました。

「叡智」「貢献」「真心」を教育目標とし、他者の心に寄り添い、社会に貢献する女性の育成をめざしています。

丁寧な学習指導とオリジナルの探究学習

高1では少人数制授業や毎週希望制で行われる補習など、きめ細かい指導によって基礎学力の土台を築き、高2からは特徴的な2つのコースに分かれて学びます。

従来からのカリキュラムで編成される「叡智探究セレクトデザイン」は、希望進路に合わせて時間割をカスタマイズできます。高2・高3の選択授業では幅広い科目が用意されており、国公立大学・私立大学へはもちろん、医療系や芸術系分野への進学にも力を入れています。

２０１８年度に新設された「叡智探究特進プログラム」では、難関国公立大学・私立大学をめざし主要5教科の実力をしっかり身につけます。仲間と切磋琢磨しあい、同じ目標に向けて、クラス全員で効率よく学ぶことができるコースです。

また、両コースとも共通して取り組んでいるのが、「正解のない問い」を考えるためのオリジナルの探究学習です。課題設定から振り返りまでを6つのステップに分け、生徒が段階を踏んで成長できるような環境やプログラムを用意しています。

特筆すべきは、教室での学びを深めるために、図書館が活用されていることです。東京純心女子では、図書館は読書のためだけではなく、様々なデータをそろえたメディアセンターとして利用されています。研修旅行の事前学習に使われたり、情報リテラシーを身につけるための取り組みを行ったりと、授業と連携した教材開発も行われています。

こうした探究学習の手法は、進路指導にも活かされています。社会で活躍できる人材となるために、自分はなにをしたいのか、なにができるのかを考え、3年間を通したキャリア教育として、ガイダンスや先輩との懇談会に参加します。

東京純心女子では定評ある英語教育とともに、幅広い教養を養い、社会に出てからも役立つスキルを鍛えています。

あの学校の魅力伝えます
スクペディア　No. 15

鶴見大学附属高等学校

神奈川県　横浜市　共学校

所在地：神奈川県横浜市鶴見区鶴見２-２-１　生徒数：男子327名、女子329名　TEL：045-581-6325　URL：https://tsurumi-fuzoku.ed.jp/
アクセス：京浜急行線「花月総持寺駅」徒歩10分、JR京浜東北線・鶴見線「鶴見駅」徒歩15分

21世紀型教育で養う「学びの心」

「自立の精神と心豊かな知性を育み国際社会に貢献できる人間を育てる」を教育ビジョンに掲げる鶴見大学附属高等学校（以下、鶴見大附属）。学力の育成とともに、禅の教えに基づく心の教育も重視している点が特徴です。「学力向上」、「人間形成」、「国際教育」を教育の３本柱とし、特色ある21世紀型教育を実践。生徒の自ら学ぶ意欲やチャレンジ精神を「学びの心」と名づけ、しっかりと育んでいきます。

主体的な学びを促す工夫に満ちた教育環境

鶴見大附属の一番の特徴といえるのが、「教科エリア＋ホームベース型校舎」です。校舎内を知識を学ぶ「教科エリア」と人間性を育む「ホームベース」に分けた作りとなっています。教科エリアには、各教科の教室のほかに、教科の資料や展示物、パソコンなどを設置した「メディアセンター」と、各教科の教員がいる「研究室」があります。メディアセンターと研究室はオープンスペースとなっており、生徒が自由に訪れて勉強をしたり、教員に質問をしたりすることが可能です。

ホームベースはいわゆるホームルーム教室で、朝礼や昼食など生活の場です。また、瞑想などを行う毎朝の「こころの時間」や昼食時に感謝の言葉を唱える「五観の偈」など、禅の精神に基づく人間形成の場としての役割も担います。生徒は時間ごとにホームベースから教科エリアの教室へ移動して授業を受けるシステムです。これにより、自ら学びに行く意識が育まれ、勉強へのモチベーションも上がります。これらが３本柱のうち、「学力向上」、「人間形成」の軸となる独自の教育環境です。

３つ目の柱、「国際教育」では、グローバル社会で求められる語学力とコミュニケーション力を伸ばす多彩なプログラムが用意されています。高１では週１回、ネイティブのＡＬＴ（外国語指導助手）と英語教員によるチームティーチングを実施。また、全学年でＧＴＥＣや英検などの外部試験に挑戦します。希望者を対象とした海外語学研修やターム留学のほか、放課後に外国人留学生との交流を楽しめる「イングリッシュラウンジ」など、生徒のやる気に応える内容がそろっています。

多彩な21世紀型教育で、生徒の「学びの心」を大きく伸ばす鶴見大附属です。

受験生のための
明日へのトビラ

ここからのページでは、高校受験生が知っておけば「ちょっと得する」
そんな情報をまとめました。保護者の方にとって見逃せないアドバイスもあります。
目を通しておけば、「あそこに書いてあったな！」と
最後のスコアアップにつなげることができます。

P54 高校教育新潮流 「国際バカロレア」ってなに？
P56 和田式受験コーチング
P58 高校受験質問箱
P60 レッツトライ！ 入試問題

NEWS

千葉 1本化される千葉の公立高校入試 来春2月の入試日程決まる

千葉県公立高校の来春入試、2021年度入試日程が以下のように決まった。これまで前期選抜、後期選抜とに分けて２回の入試を行っていたが、来年度からはこれを１本化し、基本的に１回の入試（２日間）で実施される。別途、２次募集も行われる。

■入学願書等提出期間
2021年２月９日（火）、10日（水）と12日（金）

■志願先変更受付期間
２月17日（水）、18日（木）

■学力検査
２月24日（水）、25日（木）

■追検査（インフルエンザ罹患等の救済処置）
３月３日（水）

■合格発表
３月５日（金）

東京 私立高授業料無償化制度拡充へ 年収910万円未満世帯に広げる

東京都教育委員会は2020年度から、私立高校授業料の実質無償化制度を拡充させ、対象世帯の年収を、現在の「760万円未満」から「910万円未満」に引き上げることとした。

都は、すでに国の支援制度に、都独自の補助金を上乗せして年収760万円未満の世帯の授業料を無償化しているが、国が４月から支援対象を拡大することに呼応して、都も対象世帯を広げる。

なお、2020年度の都内私立高校231校の平均授業料は年間46万6708円。私立高校の学費は、このほか入学金、施設費、その他がかかり、初年度納付金の平均額は93万4038円となっている（東京都生活文化局）。

都はこれとは別に、高校生を含む３人以上の子どもを持つ世帯に対し、都立、私立を問わず高校生1人につき、約６万円を助成する制度を設けることも決めた。

高校教育新潮流

新学習指導要領が始まろうとする過渡期にあることもあって（高校は2022年度から年次進行）、高校教育の場面ではいま、様々な角度から新たな教育へとアプローチする学校が目についてきました。このページでは「高校教育の新潮流」というタイトルで、そんな学校とその教育メソッドを追いかけてみることにしました（不定期掲載）。
今回のテーマは、最近耳にすることが多くなった「国際バカロレア認定校」についてです。文部科学省が提唱するグローバル教育の最先端をいく学校群ですが、国内では、その数はまだまだ増えてはいません。

NEW WAVE

国際バカロレア認定校は世界150以上の国と地域に広がり、日本の小中高にあてはまる学校が、世界で5000校を超えています。日本でも、文部科学省のあと押しもあって、近年認定を受ける学校が増えています。インターナショナルスクールなどを含めると150校、それらを除く、学校教育基本法第1条校の規定に則っている学校、つまり日本の学校卒業の資格との両方を取れるのは小中高合わせ39校となっています。（2019年11月現在、文部科学省IB教育推進コンソーシアムによる）

世界の大学への進学をめざすグローバル教育の最先端高校

今月号の28ページに登場した東京都立国際は、すでに国際バカロレアに認定されて5年を数える国内では草分け的な存在の高校です。しかし、都立国際の記事を読んだあと、「国際バカロレアってなに」「どんな学校?」という疑問が残った人も多いと思います。ここで少し詳しく知っておきましょう。

「国際バカロレア」は、英語ではInternational Baccalaureateと書きます。Internationalが「国際」、直訳ですね。Baccalaureate「バカロレア」は、大学入学を認める認定資格のことです。

つまり、国際バカロレアは、「国際的に通用する大学入学資格」をさします。スイスの非営利団体が運営し、認定した各国の学校で行われている教育システムです。国際バカロレア資格を取得すると、世界の多くの国の大学に進学するチャンスが大幅に広がります。

国が推し進めている国際バカロレア認定校の普及

かつて、日本には国際バカロレアの認定校はインターナショナルスクールを除いてはありませんでした。国際バカロレア資格を取得しようとする若者は、海外から日本にやってきている外交官などの子弟がおもでした。

逆に海外で働いている企業人が、その子弟を海外の大学に進学させるために、国内のインターナショナルスクールに通わせて国際バカロレア資格を取得させる例もありました。

しかしいま、文部科学省では、グローバル人材育成の観点から、わが国における国際バカロレアの普及・拡大を強く推進しています。2015年からは国際バカロレアと日本の学習指導要領に則した教育をともに学べるよう特例措置も施しています。

また、日本の高校2〜3年生にあ

Baccalaureate

「国際バカロレア」ってなに？

たる学生が学ぶ、国際バカロレアのディプロマ・プログラム（卒業認定学習、以下DP）の授業は基本的に英語で行われますが、日本語で履修できる教科が大幅に増えた「日本語DP認定校」もできて、国際バカロレアを学ぶ環境が身近になってきました。こうしたこともあって国内の国際バカロレア認定校は徐々に拡大しています。

　国際バカロレア認定校となった高校では、1年生を準備期間とし、2〜3年生でDPに則った、合計6つの科目を履修する必要があります。内訳は、大学や社会人として必要となる専門分野の知識やスキルを、大学入学前の段階で準備しておく観点から6科目のうち、3〜4科目を上級レベル（各240時間）、その他を標準レベル（各150時間）として学習します。

　これらの高校では、日本の学習指導要領と組みあわせて授業を行いますので同時に高校の卒業資格も得ることができます。

　高校の教程にあたるDPとは別に、ほぼ小学校に対応したPYP、また、ほぼ中学校に対応しているMYPという教程があります。

武蔵野大学附属千代田高等学院のIBコース授業風景。数学と英語の授業はネイティブ教員による英語で行われる（写真提供：同校）

国際バカロレア資格認定で国内の大学も受験できる

　国が施行した特例措置により、海外在住の生徒、帰国子女でない生徒でも、国際バカロレアの学習がしやすくなり、国内在住で資格を認定される生徒も出てきました。

　そしていま、文科省は、国際バカロレア資格を海外大学への進学のためだけでなく、国内の国立・私立大学の入学試験への適用も推進し、国際バカロレア資格を持つ18歳以上には、国内の大学への入学資格が認められるようになりました。

　国内の大学に入学するためには個々の大学の入試を受けなければなりませんが、多くの大学でAO入試や帰国子女特別選抜などの出願資格の1つとして募集要項に明記されています。

　大学入試では国際バカロレアのスコアのほかに、必要に応じて小論文、面接などが行われています。例えば、筑波大学や上智大学では全学部で国際バカロレア特別入試が実施されていますし、東京大学の教養学部や法学部で推薦入試における能力証明の資格として、国際バカロレアが採用されました。国内の大学での国際バカロレアのスコアを活用した入試は、今後も増えていくでしょう。

　文科省は国内の国際バカロレア認定校を2年前までに、インターナショナルスクールなどを含めて200校にする目標をたてましたが、昨年11月の時点で、まだ150校です。

　これから進学して高校で学べる学校は、首都圏では10校足らずですが*、教育のグローバル化は「待ったなし」となっています。将来、世界で活躍したい中学生は、国際バカロレア認定校で学ぶことも高校を選ぶ選択肢の1つとして考えてみてもいいでしょう。

*右ページ囲み記事にある全国39校のうち、首都圏で入学可能な高校は、昌平、筑波大学附属坂戸（埼玉）、玉川学園、都立国際、武蔵野大学附属千代田（東京）、法政大学国際、三浦学苑、県立横浜国際（神奈川）の8校。

和田式

受験コーチング

WADASHIKI ENTRANCE EXAM COACHING

和田（わだ）秀樹（ひでき）

HIDEKI WADA

1960年大阪府生まれ。東京大学医学部卒、東京大学医学部附属病院精神神経科助手、アメリカのカールメニンガー精神医学校国際フェローを経て、現在は川崎幸病院精神科顧問、国際医療福祉大学心理学科教授、緑鐵受験指導ゼミナール代表を務める。心理学を児童教育、受験教育に活用し、独自の理論と実践で知られる。著書には『受験に勝つ！　和田式自分のやる気をつくる本』（海竜社）『灘校物語』（サイゾー）『自分から勉強する子の育て方　塾まかせが子どもをつぶす』（大和書房）など多数。初監督作品の映画「受験のシンデレラ」がモナコ国際映画祭グランプリ受賞。

「受験生になるならいますぐに！新中3生のためのアドバイス」

2年生のみなさんは、いよいよ4月から3年生。受験学年が始まります。志望校を意識し、受験勉強に取り組む「受験生」にはいますぐにでもなれます。春休みを有意義に使い、いち早く受験生活をスタートさせるべき理由をお話ししましょう。

受験勉強はいますぐ始めよう

3月は次の学年が始まる前の時期です。春休みはなんとなく開放感があり、4月から高校受験を迎える3年生になるとわかっていても、気分的にはまだ勉強モードになりにくいかもしれません。しかし、学年が変わる4月からでなく、現時点の3月から自分は受験生なんだという自覚を持つことが大切です。春休みは、夏休みほどではないにしろ、1人で過ごせる時間が長く、まとまった勉強ができる時期です。この時間を受験勉強のスタートとして有意義に使ってください。

これまでの復習的な勉強はもちろん大切ですが、まずこの時期に一度やってみてほしいのは、めざす高校の過去入試問題（以下、過去問）を1年分解いてみることです。

過去問に取り組む様々なメリット

なぜいきなり過去問に取り組むことをおすすめするかというと、志望校を真剣に考え始めるきっかけになるのと同時に、その結果を分析することで受験勉強を効率的に進められるからです。

たんに学校でのテストや模擬試験の成績がよくても、志望校合格に近づくとは限りません。受験に合格するというのは、志望校の合格最低点を取ることだからです。そ

のために、まず志望校の過去問に取り組んでその学校の出題傾向を知り、そして自分がこれからどんな勉強をするか対策を立てていきます。

過去問の結果からは、「英語は点が取れるけど数学の文章題は苦手」、「漢字の書き取りのミスが多い」といった試験への手ごたえや自分の問題点がわかります。苦手科目のどこで失点したか、得意科目で伸ばせそうなところはどこかなどが判明することで、効率的な勉強計画を立てられます。受験勉強で大切なのは漠然と学校での成績や模試の順位をあげようとすることではなく、志望校の合格点にいかに近づくかなのです。

まだ志望校が決まっていない人は

過去問を解こうにも、中学2年の終わりの段階ではまだ志望校が定まっていない人も多いと思います。しかし、自分が憧れる学校や行ってみたいと思う高校はいくつかあるのではないでしょうか。過去問で自分の課題が浮き彫りになるのは前述の通りなので、とても無理と思う学校でもかまいません。その学校の過去問は500点満点で、合格ラインが300点だったとします。いまの自分の得点が150点でもいいのです。そこからあと150点をいかにして取るかということが目標になります。

入試問題に向きあうことで、いまの自分の力がどれくらいなのか、ある程度わかることが大切なのです。

勉強を続けてみて、やっぱりこの学校は難しいと思うのであれば、志望校を変更すればいいのです。

このように、実際の入試問題を解くことで、ほかの人が春休みに遊んでいるときに、すでに受験モードに入れるのです。ひと足先に受験生になって頑張ってください。

受験生の悩みに効く

和田式処方箋

Q すぐ気が散ってしまい勉強が続けられません

A 集中しやすい勉強法を色々と試してみよう

人は興味のあること、おもしろいと思うことをしているときには気が散りません。例えばゲームなど、自分が好きなことに夢中になっているときには気が散ることはないですよね。同じように、勉強でも苦手な教科やわからない内容に取り組んでいると、興味が持てないため気が散ってしまうのです。逆に勉強内容がしっかりと理解できて成績も上がれば、勉強がおもしろくなるので苦にならないはずです。

つまり、集中できないのならそれまでの勉強法を変えて、自分が夢中になれる勉強法を探るべきなのです。使用中のものとは違う参考書を試したり、勉強方法について書かれた本を読んだり…。志望校に合格した人にどのように勉強していたかを聞いてみるのもいいでしょう。自分に合った勉強法を身につけると今後大きな武器になるのと同時に、受験へのモチベーションも上がります。気が散ることも少なくなると思いますよ。

受験生のためのQ&A

Q 字が下手なのが大きなコンプレックスです。入試でも不利になりますか？

昔から字が下手で、それが大きなコンプレックスになっています。こんな字だと、願書を書くときにマイナスになるだろうし、試験の答案でも誤りにされてしまうのではないかと気にしています。どうしたらいいですか？

（埼玉県さいたま市・AW）

A 字が下手でも問題ありませんが、相手が正しく読めるよう、丁寧に書くことは大切にしてください

結論からいえば、字が上手か下手かというのは、入試にまったく関係がありません。確かに、字が上手であれば、なにかと得なことが多いと思います。しかし、読めないような字でない限り、書かれた字が上手か下手かで、合否の結果が変わることはないのであまり悲観的にならないようにしましょう。

質問にあった入学願書も、学校側は決して上手な字で書かれた願書を要求しているわけではないので、心を込めて、丁寧に記入すればいいのです。たとえ願書の字が下手だったとしても、それが不利益にはつながりません。

また、これは答案でも同様で、文字自体に誤りがあれば不正解となりますが、正しい字画で書いたのであれば正解として扱われますから安心してください。ただし、あまりにも乱雑な字だと、学校側が書いた字を正しく読み取ってくれない可能性が出てきます。せっかく正しい答えを記入したのに、不正解になってしまうのは、なんともったいないことです。下手でもかまいませんが、読み手が正しく読める字かどうか、そのことはよく確認しましょう。

ちなみに、意外かもしれませんが、難関大学に在学している成績が非常に優秀な人のなかには、字が下手な人は少なくないようです。そして、その人たちは、字が下手なことをあまり気にしていません。ですから、冒頭でも述べた通り、字が下手であることを必要以上に気にせず、丁寧な字で、読み手に正確に伝えることを心がけましょう。

保護者のための Q&A

息子を中１から塾に通わせたいと考えています。塾に通ったことがないのですが、大丈夫でしょうか？

春から中学生になる長男は小学生のころ塾に通っていなかったのですが、中学生になったら塾に通わせたいと思っています。しかし、塾にまったく通ったことがないのが心配で、個別指導塾の方がいいのか悩んでいます。

（神奈川県横浜市・KS）

塾にはすぐなじめるので安心を。仲間と切磋琢磨できるなど、集団で学ぶ魅力もあります

中学生対象の塾のおもな役割は、高校受験で必要になる知識を整理しながら学んでいくことです。集まってくる生徒はあくまでも高校受験を目標にしているので、これまで塾に通ったことがなくても問題なくなじめるはずです。

多くの塾では、数人～数十人の生徒が同じ教室で授業を受けます。こうした教室環境が、生徒の学習意欲を喚起する面もあります。例えば、ある問題に自分が正解できなかったとしても、同じ教室にその問題が解けた仲間がいることで、自分ももっと頑張ろうと思えるようになるのです。

このように、周囲から好影響を受けて学力が伸びる例もよくあり、そういった意味で小集団での勉強効果は非常に大きく、環境そのものが受験をあと押しするシステムになっているといえます。

もちろん個別指導塾は個別指導塾で、１人ひとりの生徒に目が行き届くので、きめ細かく指導できるというメリットはあります。ただ、その分どうしても学習進度がゆっくりになってしまうのは否定できません。また、個別指導塾は同じ教室で同時に学ぶ仲間がいないので、周りから色々なプラスの影響を受けるというのも難しいでしょう。

塾にはすぐに慣れると思いますので、塾に通ったことがなく心配、という理由だけで個別指導塾を選ぶのではなく、メリット・デメリットをよくチェックしたうえで、お子さんに合った塾選びを進めていってください。

安田学園高等学校

（やすだがくえん）

東京　共学校

問題

放物線P：$y = ax^2$のグラフ上の２点A，Bのx座標を－２，１とします。このとき、次の問いに答えなさい。

（1）直線ABの傾きをaを用いて表しなさい。

（2）放物線P上に２点A，Bと異なる点Cをとります。点D（０，６）に対して、四角形ABCDが平行四辺形となるとき、aの値を求めなさい。また、そのときの平行四辺形ABCDの面積を求めなさい。

（3）（2）の点Dに対して、△ABDの面積が12となるとき、aの値をすべて求めなさい。

解答　(1) $-a$　(2) $a = \frac{1}{2}$，面積…15　(3) －1，7

●東京都墨田区横網2- 2-25
●都営大江戸線「両国駅」徒歩3分、JR総武線「両国駅」徒歩6分、都営浅草線「蔵前駅」徒歩10分
●03-3624-2666
●https://www.yasuda.ed.jp/

オープンキャンパス　要予約
7月25日(土)　13:00～

説明会　要予約
9月12日(土)10:00～／14:30～
10月 3日(土)10:00～／14:30～
10月24日(土)14:30～

安田祭（文化祭）
10月31日(土)　10:00～15:00
11月 1日(日)　9:00～15:00

※詳細は学校HPをご覧ください

横須賀学院高等学校

（よこすかがくいん）

神奈川　共学校

●神奈川県横須賀市稲岡町82
●京浜急行線「横須賀中央駅」徒歩10分、JR横須賀線「横須賀駅」徒歩18分またはバス
●046-822-3218
●https://www.yokosukagakuin.ac.jp

月曜説明会　要予約
6月以降の月曜　10:00～11:30

夏休み学校見学会
8月14日(金)
8月15日(土)
両日とも10:00～15:00

楠木祭（文化祭）
9月26日(土)　9:00～15:00

問題

次の各組の英文がほぼ同じ意味を表すように、(　　) 内に入れる適当な一語を解答欄に書きなさい。

(1) It is easy for us to ski.
(　　) is easy for us.

(2) The girl had no clothes for the festival.
The girl had nothing to (　　) for the festival.

(3) She didn't say good-bye when she left Japan.
She left Japan (　　) saying good-bye.

解答　(1) Skiing　(2) wear　(3) without

京華(けいか)高等学校

東京　男子校

問題

大小２個のさいころを投げて，大きいさいころの出た目の数を a，小さいさいころの出た目の数を b とするとき，次の各問いに答えよ。

(1) a と b の最大公約数が奇数になる確率を求めよ。

(2) $\sqrt{(a+1)(b+2)}$ が正の整数になる確率を求めよ。

●東京都文京区白山5-6-6
●都営三田線「白山駅」徒歩3分、地下鉄南北線「本駒込駅」徒歩8分、地下鉄千代田線「千駄木駅」徒歩18分
●03-3946-4451
●http://www.keika.ed.jp/

オープンキャンパス　要予約

7月19日(日)　14:00~15:30
8月22日(土)　10:30~12:00

説明会

9月22日(火祝) 14:00~15:30
10月10日(土)　14:30~16:00
11月　8日(日)　14:00~15:30
11月23日(月祝) 14:30~16:00
11月28日(土)　14:30~16:00

解答　(1) $\frac{3}{4}$　(2) $\frac{1}{6}$

成城学園(せいじょうがくえん)高等学校

東京　共学校

問題

右の図の１辺の長さが１の正五角形ABCDEについて，CDの中点をM，ACとBEの交点をF，AMとBE，DFとの交点をそれぞれG，Hとする。次の問いに答えよ。

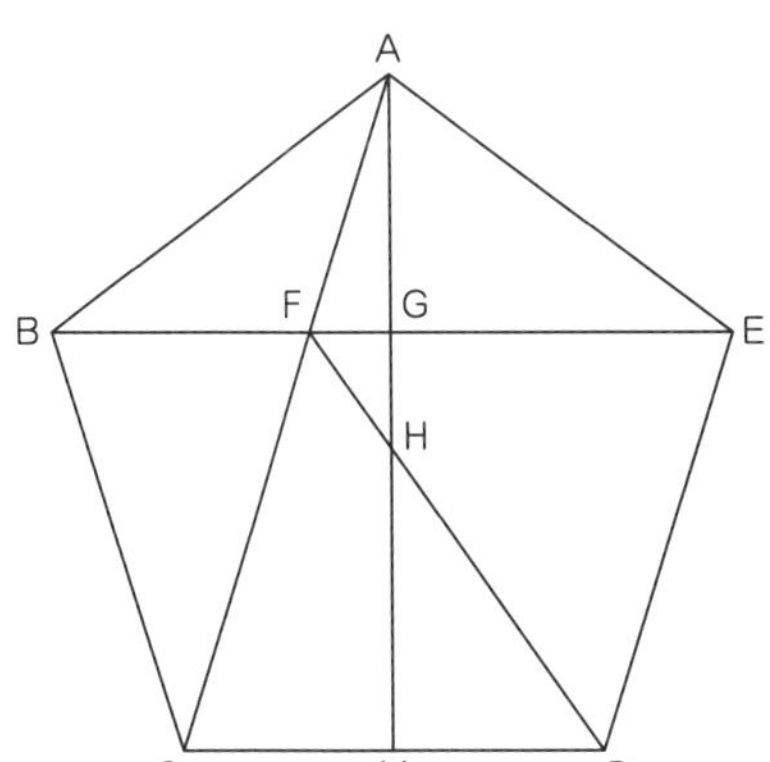

(1) ∠AFGの大きさとEFの長さを求めよ。

(2) AFの長さを求めよ。

(3) AHの長さはHMの長さの何倍か。

※一部省略

●東京都世田谷区成城6-1-20
●小田急線「成城学園前駅」徒歩8分
●03-3482-2104
●https://www.seijogakuen.ed.jp

学校説明会

10月10日(土)
11月14日(土)
12月　5日(土)
すべて14:00~

解答　(1) ∠AFG=72°，EF=1　(2) $\frac{-1+\sqrt{5}}{2}$　(3) $(\sqrt{5}-1)$倍

30年続いた大学入試センター試験終わる

中学生の未来のために！
大学入試ここがポイント

高校受験の舞台にあがる前に、その先の「大学のこと」を知っておくのは、
とても重要なことです。とくにいま、大学のあり方と並んで、
大学入試のあり方が問われ、毎月のように新たな施策がニュースとなっています。
受験まではアッという間です。そのとき迎える大学入試の姿を、いまのうちから、
少しでもいいのでとらえておきましょう。
今回から新中学3年生のための情報をお届けすることになりますので、
大学入試の基本から話を進めることにします。
この1月、新聞報道における大学入試の話題として最もスペースが割かれていたのが
「最後のセンター試験」というフレーズでした。
では「センター試験」とはどんな試験だったのでしょう。
そして君たちが受けることになる、新しい大学入試はどんなものになるのでしょうか？

NEWS

私立大学の利用拡大も知識偏重に批判広がる

寒さが厳しかった1月の18・19日の2日間、今回が最後となる「大学入試センター試験（以下、センター試験）」が行われました。

今年の志願者数は前年比1万9131人少ない55万7699人で、現役生が81％でした（大学入試センターによる）。これは18歳人口の減少によるものとされています。

1990年に開始された同試験は、初めは国公立大学のための入試といっても過言ではありませんでした。というのも、前年まで行われていた国公立大学のための共通一次試験（1979年～、二次試験は各大学の個別試験）を改善しようと用意されたものだったからです。

センター試験は、大学側が自由に教科、科目を指定することができ、私立大学が利用することも可能とされましたが、初回の私立大学の参加は16校にすぎませんでした。

その後、私立大学の参加は増え続け、今年の参加は672校にのぼりました（短期大学含む）。私立大学増加の理由は、問題作りの大変さや漏洩の不安、採点の煩雑さなどを軽減できることが追い風になったものとされています。近年では、センター試験の結果のみで合否を判定する入試形態を設ける大学も多くなっていました。

しかし、日本にもグローバル社会の波が押し寄せたこともあって、マークシート方式解答による「1点刻みの合否判定、知識偏重の出題」への批判が強まり、文部科学省（以下、文科省）は入試改革に着手することにしました。

共通テストがセンター試験と同じ内容に戻るわけではない

入試改革に踏み出したが来年スタートにはつまずく

2021年1月の大学入試から、その名を「大学入学共通テスト（以下、共通テスト）」と改めてスタートすることとし、その目玉として英語の4技能（読む、聞く、書く、話す）すべての力を測り、批判のあったマークシート方式は残すものの一部の問題（国語、数学）で記述式を採用することにしていました。

文科省は、55万人を超える受験生の、英語4技能を測るために、英語民間試験機関の結果を利用することを決めていました。記述式問題の採点についても採点期間の短さを補うために民間業者の力を借りることを発表していました。

しかし、共通テストの内容が明らかになり、実施へと動き始めた途端、受験機会の公平性確保や業者採点の信頼性への不安などから批判が高まりました。結局、文科省はその不安を解消する答えを用意することができず、昨年暮れ、目玉の施策2つはともに見送りとせざるをえないこととなったのです。

試験方式はこれまで実施のセンター試験に近い形式に

「英語民間試験の活用」は、その是非を含め1年後までをめどに再検討し、現在の中学3年生が受ける2024年度入試からの実施を摸索することになりました。

これにより2021年1月からの共通テスト・英語で測る技能は従来の「読む・聞く」のみにとどまることになります。

また、共通テストで予定されていた国語と数学の記述式問題（各3問ずつ）についても見送ることを表明しました。

理由は「外部業者が55万人分の採点を短期間にミスなく公平に採点できるか」「自己採点との不一致を解消できるか」という心配を払拭できなかったとしています。

自己採点というのは、共通テストの解答を、模範解答と照らし合わせて受験生自身が自らの点数を推測することです。この点数が、その後の二次試験（各大学の個別試験）に進むための判断材料となります。つまりどの大学を選択するか、の大事な判断に直結するものなのです。マークシート方式なら、模範解答を見て単純に点数判断ができますが、記述式解答の採点は非常に難しくなります。

これらのことから見送られた記述式問題の採用については、今後、白紙に戻して議論するとのことです。英語民間試験導入再検討のような期限は設けていません。

これらの見送りにより、共通テストは全教科マークシート方式での解答のみとなり、現行のセンター試験とほぼ同じ形式の入試になります。

では、来年1月に行われる最初の共通テストは、これまでのセンター試験とまったく同じものに戻るといえるのでしょうか。

じつは、そうではありません。もともと大学入試改革のコンセプトは、覚えた知識だけを問う試験から、思考力、表現力、判断力を問う試験への脱却をめざすものでした。ですから共通テストは、マークシート方式で解答をさせながらも、これらの力を測る方向に向かうことは間違いがありません。

一部が仕切り直しになったものの、「準備は怠りなく！」進めるに越したことはありません。

東大入試突破への現代文の習慣

東大入試を突破するためには特別な学習が必要？　そんなことはありません。身近な言葉を正しく理解し、その言葉をきっかけに考えを深めていくことが大切です。田中先生が、少しオトナの四字熟語・言い回しをわかりやすく解説します。

早稲田アカデミー教務企画顧問
田中としかね

東京大学文学部卒業
東京大学大学院人文科学研究科修士課程修了
専攻：教育社会学
著書に『中学入試 日本の歴史』『東大脳さんすうドリル』など多数。文京区議会議員として、文教委員長・議会運営委員長・建設委員長を歴任。

田中先生の「今月のひと言」

勉強・部活動、両方とも本気でやってはじめてバランスがとれるのですよ

今月のオトナの言い回し

プログラミング

「先生！　eスポーツで入試が行われるようになるのでしょうか？」教え子君が突拍子もない質問をぶつけてきました。eスポーツというのは「エレクトロニック・スポーツ（electronic sports）」の略称で、コンピューターゲームやビデオゲームを使ったスポーツ競技のことを指します。スポーツというとアスリート（身体運動に習熟している人）を思い浮かべるかもしれませんが、要は複数のプレイヤーで対戦するゲームをスポーツだと解釈してeスポーツと呼んでいるのです。アメリカではすでに、国がeスポーツをスポーツとして認めており、プロゲーマーがスポーツ選手であることも認められています。

「世界的なゲームメーカーがある日本なのに、まだまだeスポーツの認知度は低いよね。世界からはeスポーツの後進国と呼ばれているくらいだから。いきなり入試に登場することはないと思うよ」と答えたものの、面白い視点だと感じたのでした。現に、早稲田大学の自己推薦入試では、卓球で活躍した生徒や囲碁で活躍した生徒が合格を果たしています。ですからeスポーツで活躍した生徒が合格するのも、それほど遠い未来の話ではないように思えるのです。「でも、学校の授業でやることが決まったと聞いたので、授業でやるなら入試にも出るかなと思って」と教

え子君は続けます。驚いた私は「教育現場にeスポーツ導入だって！　一体どこの自治体の話なの、それは？　中高生の放課後の居場所づくりという事業では、多人数で遊べるビデオゲームを導入して成果を上げたという話を聞いたことがあるけれど、あくまで学校外の話だよ。授業でやるってどこで聞いたの？」と逆に質問してしまいました。「中学校の授業で必修化されるって……」「ああ、それはプログラミング教育のことだよ！」

教え子君は「プログラミング教育必修化」という情報に何らかのメディアで接する機会があったのでしょう。もしかしたらその際にニュース映像で「コンピューターの画面に向かう生徒」というシーンでも目にしたのかもしれません。そこで自分なりの解釈として「学校でコンピューターをさわってゲームをする授業」というイメージをふくらませたのでしょう。でも、もちろんプログラミング教育はコンピューターゲームをする授業ではありませんからね。

プログラミングとは「プログラムを設計すること」であり、プログラムとは「コンピューターに対する指示」のことです。プログラミング教育とは、コンピューターが情報を処理するためのプログラムを設計することで、論理的な思考力・創造力を身に付けることを目的とした教育なのです。文部科学省は新しく改訂された学習指導要領で、2021年度から中学校のプログラミング教育必修化を決定しています。

「じゃあ先生、プログラマーをみんなで目指すのですか？」eスポーツとかプログラマーとか、言葉はよく知っている教え子君です。プログラミング教育のねらいは「プログラマー（プログラミングを行う人）」の育成ではありません。「プログラミング的思考」を養うことなのです。文部科学省では「プログラミング的思考」を次のように定義しています。「自分が意図する一連の活動を実現するために、どのような動きの組合せが必要であり、一つ一つの動きに対応した記号を、どのように組み合わせたらいいのか、記号の組合せをどのように改善していけば、より意図した活動に近づくのか、といったことを論理的に考えていく力」であると。プログラミングによって学べる力は「論理的思考力」「自発的な学習能力」「問題解決力」であるといわれています。プログラムは、処理手順に沿って作業しなければエラーが発生してしまいます。エラーが発生した場合には、なぜエラーが発生したのか原因を探り（論理的思考力）、対処方法を自分で考えなくてはなりません（問題解決力）。その際、自ら調べることが必要となるため（自発的な学習能力）、プログラミングは教育内容として優れているというわけです。「ということは、プログラミングが入試に出るようになるのですね！」と教え子君。

今回の学習指導要領の改訂では確かに「プログラミング教育の必修化」が打ち出されましたが、それは「授業で扱う題材として必ず取り上げるように」という意味で、「科目」として独立するわけではありません。文部科学省が提示している「モデル授業」でも、さまざまな学年での取り組みが示されていますが、何年生で取り上げても構わないという扱いですので、学校によっては扱う学年が違ってくるのかもしれません。科目ではありませんので、高校入試での「受験科目」になることも、現時点ではないと考えられますよ。授業のスタートに向けて、各学校では「外部の専門家を招いて担任の先生への講習会」が盛んに行われています。私の

友人も、都内の学校に講演に出向いています。どんな内容を話したのか聞いたところ「ゴール（目的）から逆算して、何をすべきなのかを考えることのできる」思考法を身に付けさせることが重要だ、ということだそうです。コンピューターをいじれる、というイメージが先行していますが、そうではないオーソドックスな「思考法」についての教育になりそうだ、とのことです。eスポーツはゲームの操作や戦略を競うものですので、プログラミング教育とは直接的には関係してこないですが、「面白いゲームをつくるという目的のためには、どんな工夫が必要なのか」といったプログラミングの導入に、ゲームが取り入れられることは大いにありうると思いますよ。

今月のオトナの四字熟語

均衡状態

皆さんは「中庸」という言葉をご存知でしょうか？「ちゅうよう」と読みます。「偏りがなく、過不足のない態度のこと」を意味し、儒教の中心的な考え方とされています。儒教というのは紀元前の中国で生まれた思想で、以来2000年以上にわたって人々に大きな影響を与えてきました。儒教の始祖である孔子が著した『論語』というのは、皆さんも聞いたことがあるのではないでしょうか。孔子はこう言っています。「中庸は徳の至れるものなり」と。「何事もやり過ぎてはいけない。そうかといって遠慮し過ぎるのもよくない。ほどほどに行動するということが、最高の人徳というものである」

けれども、もしこんな中学生がいるとしたら、皆さんはどう思いますか？

「そうか、何事も〈ほどほどに〉が重要なのか。では勉強も部活動もほどほどにしておこう。勉強をやりすぎても、部活動に熱中しすぎてもダメだということだよね」

「ほどほどに」と聞くとどうしても「手を抜いて」とイメージしてしまいますよね。けれども中庸ということを「楽にできるくらいで」と考えてはいけません。はじめから「ほどほど」という状態が存在するわけではないのです。例えば定期テストの前には勉強に時間も労力も傾けなければならないでしょうし、部活動の大会や試合の前には練習に多くの時間を割かなくてはならないでしょう。かといって、勉強に100％注力して部活動は0％に、逆に勉強は0％にして部活動を100％で、というのは極端です。部活動を続けながら勉強に集中するためには、朝の時間をうまく使うなど、バランスのとれた状態を探るために実際に行動してみることが重要になります。勉強にも部活動にも全力で取り組んだうえで、お互いの均衡状態を維持しているときに、はじめて「ほどほどに行動する」というバランスがとれたことになるわけですから。本気でやってみないことには、そこまで到達できないのです。中庸が示すバランスのとれた状態というのは、高いレベルでの均衡状態に他なりません。だからこそ「最高の人徳」とよばれるのです。ですから中学生の生活態度としては、常に最高の自分を目指して全力で行動するべきなのです。「本気でやる子」でなくてはいけないということですね。

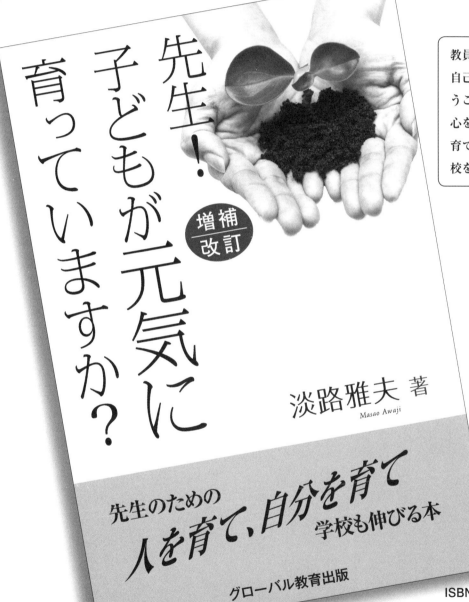

忙しさも燃料に効率よく勉強して現役で東大合格を果たす

はじめまして。今回からこのコラムを担当する東大2年生のはろくまです。まずは簡単に自己紹介します。今春3年生に上がり、理科一類から工学部都市工学科都市計画コースに進学します。

この学科は、自分で街や建物を設計して模型を作る演習があるのでとても忙しいのですが、その分、自分のアイディアを形にできたときは感激します。今後このコラムでも、学科に関する詳しい話をするつもりなので楽しみにしていてください。ちなみに部活動は水泳部競泳陣に入っています。

さて、突然ですが、みなさんは「東大生」にどんなイメージを持っていますか？ テレビでよく見る東大生はすごく早口だったり、変わった特技を持っていたり、文武両道・才色兼備だったりして、「変わった人の集まり」というイメージを抱く方が多いのではないでしょうか。

私がみなさんと同じ中学生のころは、「『東大生』ってなんとなくかっこいいけど、私が入るなんて絶対に無理だ…」と諦めていました。でも、受験を経て入った高校には、東大をめざす先輩がいて、「もしかして頑張れば私も入れるのかも！」と思い始めたのが高2のころ。

1・2年生は全員が教養学部に属して幅広い分野を学び、そのあと進学する学部・学科を決める東大のシステムは、「大学ではおもに理系科目を勉強したいけど、経済学部もおもしろそう。行きたい学科が決められない…」と迷っていた私の目には、とても魅力的に映りました。そうしたこともあり、当時の学力では少し高い目標でしたが、東大をめざすことにしたのです。

勉強は計画的に目標設定も大切

受験生生活で一番大変だったのは高3の夏休みです。母校の文化祭（9月）では高3は演劇を行うため、夏休みはその練習で大忙し、しかも私は悪役のリーダーという重要な役を演じたので、夏休みの半分くらいは1日中、学校にいました。

それでもスキマ時間を見つけては少しずつ勉強するようにしたら、むしろ集中力が上がって効率よく勉強ができました。その結果、なんと私たちのクラスは演劇部門で1位になり、その勢いのまま受験勉強もラストスパート、無事、現役で東大理科一類に合格できたのです。

こうして受験が成功したのは、計画的に勉強できたことが大きいと思います。高2の10月に部活動を引退してからしばらくは趣味のピアノ演奏に没頭、本格的に受験勉強を始めたのは高2の春休みからですが、夏は文化祭の準備で忙しくなるだろうから、春休みにできることはしておこうと、予定のない休日も朝起きてから夜寝るまでの計画をきちんと決めるように

私の周りの東大生

「思い立ったらすぐ実行」を体現する水泳部同期

４月から工学部化学生命工学科３年に進学するＨくん

このコーナーでは毎回、私の周りにいる個性的な東大生を紹介していきます。今月は水泳部の同期であり、工学部化学生命工学科に進むＨくんにインタビューしました。彼の強みは、興味を持ったことはなんでも自分で実行してしまうところです。

その一例が「タッチ板の自作」です。タッチ板とは、タイムを計るためにプールの両端に取りつけられたパネルのことで、競泳の正式な試合で用いま す。このタッチ板に触れると、ゴールしたタイムが記録される仕組みです。

Ｈくん自作のタッチ板（筆者提供）

東大の講義でアルミ板を使った実験をした際、ふとタッチ板作りを思いついたＨくん。高校で習った知識もフル活用して必要な材料を自力で調達、プログラミングも独学で習得して、最終的にはiPhoneと連動させてマネージャーが計測できるアプリまで開発したというから驚きです。タッチ板は今度のオリンピックでも使用される装置なので、ぜひ注目してみてくださいね！

高校時代の経験がいまに活きる

ほかにもいまは法律に興味があり、化学系の学科に進むにもかかわらず、１日２時間は法律の勉強をしているというＨくん。このようにチャレンジ精神旺盛になったのは、高校時代の経験がきっかけでした。「高校生にしかできないことがたくさんあるから、できることはなんでもやろう」と考え、生徒会長として行事の準備に励み、化学部では実験のコンテストに参加、高３まで水泳に没頭…と、様々なことに挑戦する密度の高い生活を送るなかで、将来もおのずと見えてきたのだと話します。

そして、こうした高校での経験が大学生活にも活きていて、化学部時代に興味を持った分野の教授に自分で話を聞きにいき、有機化学を扱ういまの学科への進学を決めたり、高校時代に没頭した水泳を、いまも続けたりしているのです。

私も高校時代は何事も全力で取り組もうと心がけていましたが、彼ほど「思い立ったらすぐ実行」を実践している人はいないのではないかと感じました。もし将来したいことが見つからなくて悩んでいる人がいたら、まずはＨくんのように少しでも気になることに挑戦してください。すると自分のことをもっとよく知ることができて、きっとその先の明るい高校生活、大学生活にもつながるのではないでしょうか。

はろくま
東大理科一類から工学部都市工学科都市計画コースへ進学する東大女子。趣味はピアノ演奏とラジオの深夜放送を聴くこと。

していました。

また、少し高い目標を設定して、それを頭の片隅においておくことも効果的です。意識しすぎて過度なプレッシャーにならないよう、かといってたるみすぎないよう、ほどよい緊張感を保てると思います。

多少勉強が忙しくても案外両立できるものです。中高生のうちにしかできないことはたくさんありますから、興味を持ったことにはどんどん挑戦して、自分の好きなこと、向いていることをたくさん見つけられるといいですね。

キャンパスデイズ 十人十色

東京都立大学

法学部政治学コース　２年生

畑野(はたの)　智哉(ともや)さん

政治や法律について学びながら将来に向けた勉強も計画的に

Q　東京都立大学法学部政治学コースの魅力はなんですか?

普段知ることができないような、政治の裏側を学べるところです。例えば、法律がどのような流れで決まり、そこにはどのような人が携わっているかなど、ニュースを見ただけではわからないような仕組みを知ることができます。

政治学と聞くと、社会の教科書で読むような難しい内容をイメージしがちですが、身近な話題も多く取りあげられています。心理テストをしてみて、その考え方がどのように政治に活かされているかを考えたり、同じニュースを取り扱っている複数の新聞を比べて、違いについて調べたりと、学生にも取り組みやすい方法で、幅広く学びます。

また、東京都立大学では、他学部の講義も積極的に履修するよう推奨されており、様々な分野の教養を深められるのも魅力です。法学部といっても、弁護士や検察官になるための勉強だけをしているのではなく、関心のあることについて色々と学べる環境です。

法学部なのに観光を学ぶ!? 教養が深まる珍しい講義も

Q　印象に残っている講義はありますか?

1年生で必修となっている基礎ゼミナールは、各学部の教授が開いている様々な講義のなかから、学部に関係なく興味に合わせて1つを履修するというもので、変わったテーマが多かったため印象に残っています。

都市環境学部観光学科の教授が担当している講義では、江戸時代の古地図に沿って実際に都内を歩き、歴史や食べものなど地域に根づいた文化を組みあわせて、その土地の観光ルートを完成させました。

ほかにも、天気図から実際の天気を読み取る、紙飛行機を様々な折り方で作って遠くまで飛ばせるよう改良する、といったユニークな講義がたくさんあります。

逆に、とにかく大変だったのは民法の講義です。政治学コースに所属している学生は必修なのですが、複数回ある小テストすべてで満点を取らないと、期末テストが受けられないという仕組みになっており、毎回必死で勉強していました。

民法には、借金や交通事故を起こした際の損害賠償など、生活にかかわる様々なルールがまとめられています。それに加えて、相続や養子縁組のことなど家族関係についてのルールも含まれているので、覚えることが多くて苦労しました。

Q サークルには参加していますか?

茶道のサークルに入っています。年に何回かお茶会を開催しており、そこでお客さんに向けて作法などを披露します。お茶会ではお茶やお菓子だけではなく、掛け軸やお茶碗からも季節ごとの風流を楽しんでもらえるように気を配っています。

普段の稽古では、おもにお茶を出す際の手順を確認したり、正しい作法を学んだりしています。茶道では、お客さんをもてなすためにそれぞれ役割が決められていて、司会進行を担当する「半東（はんとう）」や、お茶を点（た）てる「亭主」、裏方を請け負う「影」などがあります。これらすべてがかみあっていないとスムーズにお茶会が進まないので、うまく連携が取れるように練習を重ねています。

Q 将来の夢はなんですか?

両親のすすめもあり公務員を志望していて、現在は東京都職員をめざして勉強しています。きっかけは、小学生のときに遊んでいたシミュレーションゲームで都市を作ったことです。税金の設定や住民数の目標などを考えながら、人々の要望に応えていくことにやりがいを感じ、街づくりや都市の活性化に携わりたいと思うようになりました。

東京都立大学には公務員志望の学生が多いので、友だち同士で情報交換ができたり、先輩からアドバイスをもらえたりと、将来を見据えた勉強を進めるうえでは恵まれた環境だと感じています。

Q 読者にメッセージをお願いします。

中高の友だちは一生ものだと思うので、部活動や行事など、色々なことにチャレンジして、友情を深めてほしいと思います。それと、テストや課題に毎回きちんと取り組むことはとても大切です。ここで時間管理や期限を守る癖を身につけると、大学や社会でもきっと役立ちますよ。

TOPICS

ムダな時間を省く習慣づけと効果的な英語学習

高校生のころから続けている習慣として、試験の2週間前からは携帯電話を持ち歩かないようにしています。電車に乗っている時間や休憩時間をムダにしないようにと考えて、現在でも大学の試験前は徹底しています。

また、中1から朝の自習を毎日継続していて、そこでラジオ英会話などを聞いてシャドーイング（※）に取り組んでいました。おかげで、リスニングの力はついたなと実感しています。大学に入ってからも英語の講義や、ネイティブスピーカーの教授と話す機会があるので、教科書についているCDを積極的に聞くなどして、いまのうちに耳を英語に慣らしておくことをおすすめします。

※英語を聞きながら即座に復唱するトレーニング

東京都立大学……2005年に都立の4大学が統合して首都大学東京に。2020年4月からは再び東京都立大学に名称変更

茶道サークルの仲間と。茶道のサークルは、所作がきれいになるだけでなく、着物の着付けなど教養が身につく面も魅力です

大学で国際法の講義を受けた際のノート。なかには、既定のページ数以上ノートをとっていないと、単位が認定されない講義も

高校の卒業式での1枚。地元を離れても、中高の友人とはいまも定期的に集まっています

早稲田アカデミー
大学受験部のご紹介

学びのシステム

「わからない」をつくらない復習型授業

早稲田アカデミーの授業に予習は必要ありません。なぜなら、新しい単元は講師が丁寧な「導入」を行い、生徒が理解したことを確認して「問題演習」に入るからです。もちろん、演習の後はしっかり解説。その日の学習内容を振り返ります。また、毎回の授業で「確認テスト」を実施し、前回授業の定着度を測ります。さらに、月1回の「月例テスト」、3か月に1回の「必修テスト」で、中長期的な学力の伸びも確認できます。理解を確かめながら“スモールステップ”で学習を進めるので、無理なく力を伸ばすことができるのです。弱点が見つかった場合は、必要に応じて講師が個別に学習指導。「わからない」を後に残しません。

予習不要
講師による丁寧な「導入」で理解を深め、「問題演習」へ進みます。

↓

担当講師による課題チェック
家庭学習や課題の取り組み状況も確認します。

↓

毎回の授業で行う確認テスト
確認テストで前回までの授業内容の理解度・定着度を測ります。

↓

弱点を克服するための指導
テストなどの状況によっては個別の課題を課し、弱点を克服します。

【TopwiN Boosterクラス 中1】英検®合格実績
※2019年度第1・2回英検®での合格者数です。

高校卒業レベル	2級	1名	合格
高校中級レベル	準2級	8名	合格
中学卒業レベル	3級	39名	合格

【TopwiN Boosterクラス 中2】英検®合格実績
※2018年度第1〜2019年度第2回英検®での合格者数です。

大学中級レベル	準1級	1名	合格
高校卒業レベル	2級	32名	合格
高校中級レベル	準2級	40名	合格

※英検®は、公益財団法人 日本英語検定協会の登録商標です。 ※このコンテンツは、公益財団法人 日本英語検定協会の承認や推奨、その他の検討を受けたものではありません。

早稲田アカデミー大学受験部の詳細については……

お電話で カスタマーセンター 0120-97-3737

スマホ・パソコンで 早稲田アカデミー 検索

早稲アカ
大学受験部
Webサイト

講師、環境、そして競い合える仲間が
君を本気に変える

早稲アカ大学受験部

少人数だから生まれる〝仲間意識〞

早稲田アカデミーの授業は、講師と生徒の対話で進められます。講師が発するのは、「答え」を急がせる発問ではなく、思考を深めるきっかけとなる問い掛け。講師とのやりとりを重ねていくうちに、生徒は自然と考えることに熱中していきます。1クラスの人数は平均15名。少人数だから、講師は生徒の顔や名前、志望校をきちんと把握したうえで授業を展開します。また、講師と生徒だけでなく、生徒同士が意識し合えるのも少人数制クラスの特長。名前だけでなく、互いの発言を通して得意分野や考え方がわかっているからこそ、授業以外でも、教え合い、学び合い、共に高め合うことができるのです。一緒に考え、刺激し合いながら切磋琢磨する仲間は、大学受験を最後までやり通す支えともなります。

講師と生徒がつくる"ライブ"授業

平均15名 少人数制クラス

適度な緊張感	個別指導では得られない気付き	講師の目が行き届く少人数設定

ハイレベルな仲間と切磋琢磨できる環境がある。
だから、君の力が大きく伸びる。

多くの難関校のトップを魅了する授業がある！

例えば…
都立日比谷・武蔵・都立国立
お茶の水女子高の
学年No.1※が在籍

※2018・2019年各校実施の校内テストなどにおいて

日本最高水準の仲間と競い合える環境がある！

例えば…
高1最上位※クラス
約93％が
開成・桜蔭高生

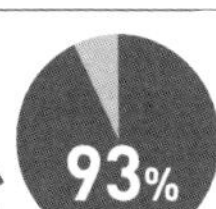

※早稲田アカデミー大学受験部 御茶ノ水校 数学TWβ1クラス

将来、世界を変えるかもしれないライバルがいる！

例えば…
第60回 国際数学オリンピック 銀メダル受賞！
第50回 国際物理オリンピック 銀メダル受賞！
第13回 国際地学オリンピック 金メダル受賞！

早稲田アカデミー 大学受験部

その研究が未来を拓く

研究室にズームイン

「はやぶさ2」に搭載した「光学航法カメラ」の研究

立教大学
亀田研究室
亀田真吾（かめだしんご） 教授

中学生のみなさんにはあまりなじみがないかもしれませんが、日本には数多くの研究所・研究室があり、そこではみなさんの知的好奇心を刺激するような様々な研究が行われています。このコーナーではそんな研究所・研究室での取り組みや施設の様子を紹介していきます。今回は、宇宙にある様々な惑星について研究する、立教大学の亀田真吾教授の研究室をご紹介します。

写真提供　ＪＡＸＡ、立教大学

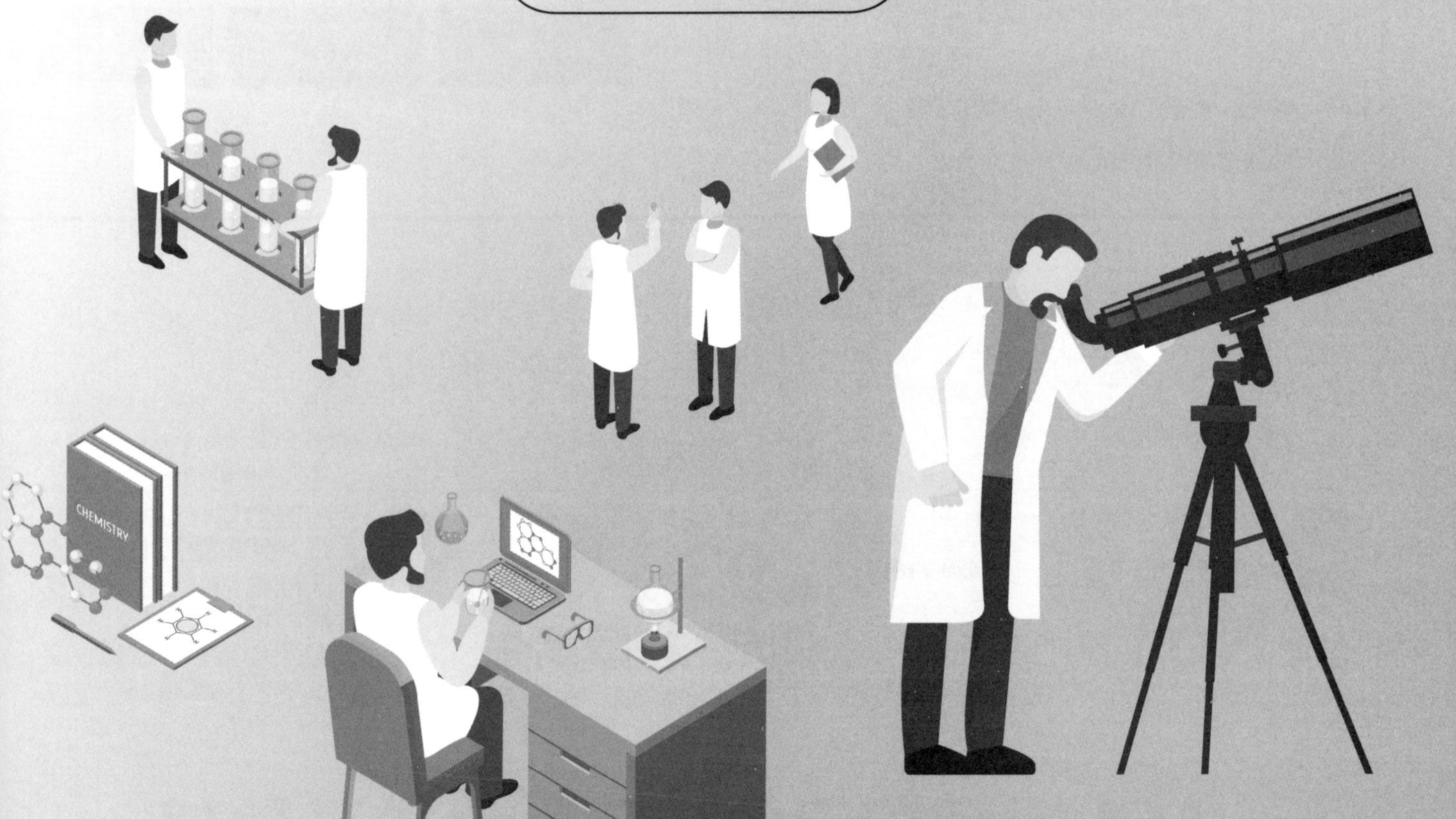

亀田 真吾（かめだ しんご）

東京大学理学部地球惑星物理学科卒業、同大学大学院後期博士課程修了。JAXA水星探査プロジェクト研究員、千葉工業大学惑星探査センターでの勤務を経て、2011年より立教大学理学部物理学科准教授、2018年より同学科教授となる。

地球から遠く離れた小惑星リュウグウへ

小惑星イトカワをめざして2003年に宇宙へ飛び立ち、2010年に地球へ帰還した無人小惑星探査機「はやぶさ」。数々の苦難を乗り越え、世界で初めて小惑星の表面物質を採取し、持ち帰るという快挙を成し遂げました。

2014年には、改良を加えた後継機「はやぶさ2」が宇宙へ。立教大学の亀田真吾教授は、JAXA（宇宙航空研究開発機構）が主導する「はやぶさ2」プロジェクトに参加し、「光学航法カメラ」の設計と性能試験を担当した方です。

「はやぶさ2」が探査する小惑星リュウグウは、イトカワより有機物を多く含む「始原的（太陽系初期の情報を多く保っている）な天体」で、地球と太陽の距離（約1億5000万km）を優に超える、約2億8000万km彼方にあります。

この研究について亀田教授は、「約46億年前に地球が誕生したとき、カラカラに乾燥した岩石の塊のような状態だったといわれています。そこからなぜいまのように水のある状態になったのか、提唱されている説の1つに、小惑星が関係しているという説があります」と話されます。

はるか昔の小惑星は、太陽から近いと水や有機物が蒸発して乾燥し、太陽から遠いとそれらが氷として存在していました。その氷を含むような小惑星が、木星などの重力によって軌道が変わり、地球に降り注ぎ、溶けたものが現在の地球を構成する水や有機物の一部になったというのです。

リュウグウの探査によって地球誕生の謎が明かされる!?

リュウグウはそのとき地球に落ちてきた小惑星のグループだとされています。仲間の多くはすでに地球を構成する要素になっていますが、運よく地球に落下しなかったリュウグウを探査することで、有機物などが

亀田教授が光学航法カメラで撮影した画像をもとに、3Dプリンターで作成したリュウグウの模型。「元々はもっと丸い形状かと思っていましたが、そろばんの駒のような形をしていて驚きました」（亀田教授）

©JAXA, 東京大, 高知大, 立教大, 名古屋大, 千葉工大, 明治大, 会津大, 産総研

光学航法カメラで撮影したリュウグウ。直径は約900mです。太陽の光が当たって灰色に見えているだけで、実際は炭素を多く含むので真っ黒だそうです。

小惑星の分布

天体の軌道を示した図。小惑星は火星と木星の間に多く分布しています。

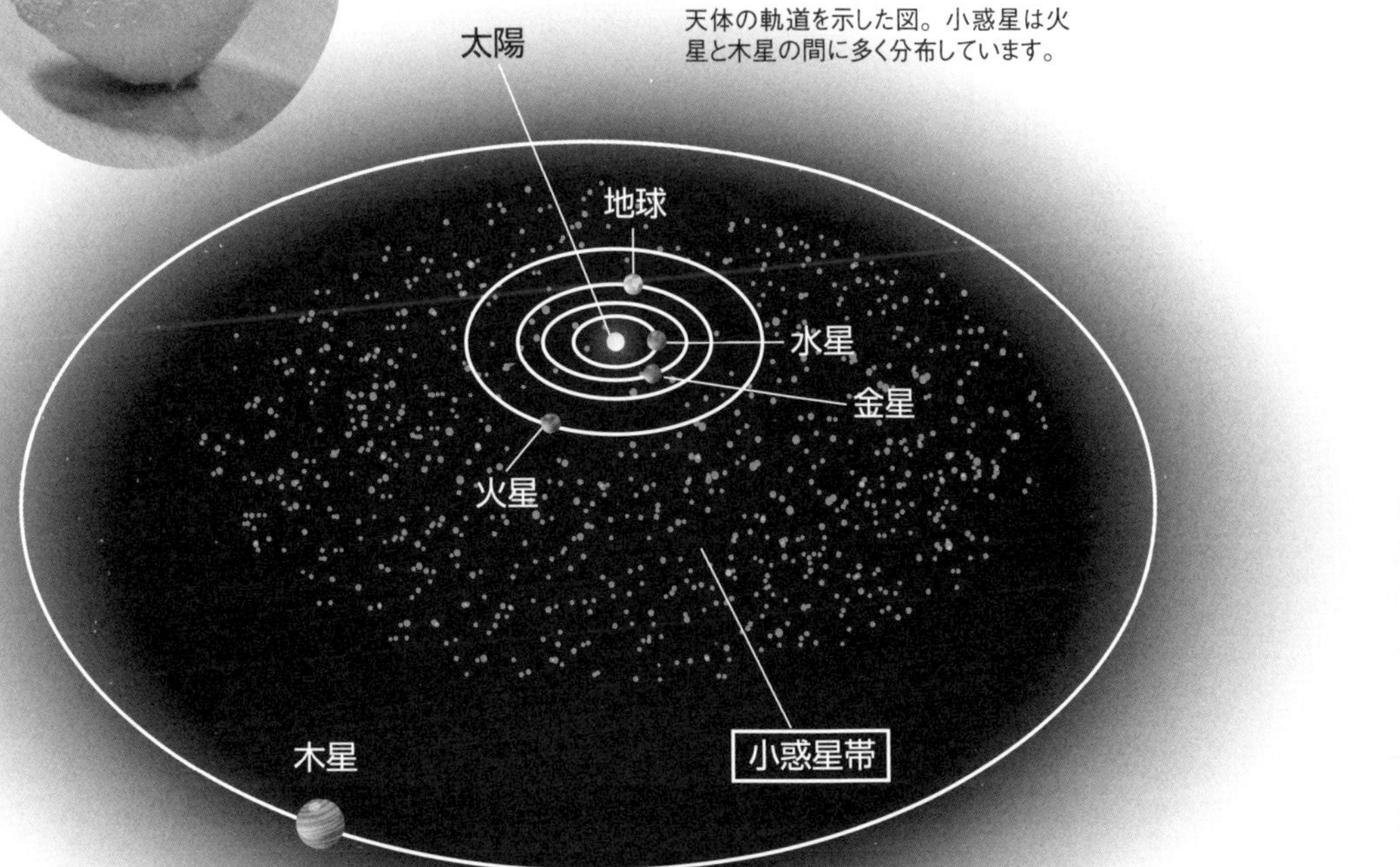

はやぶさ２機器名称

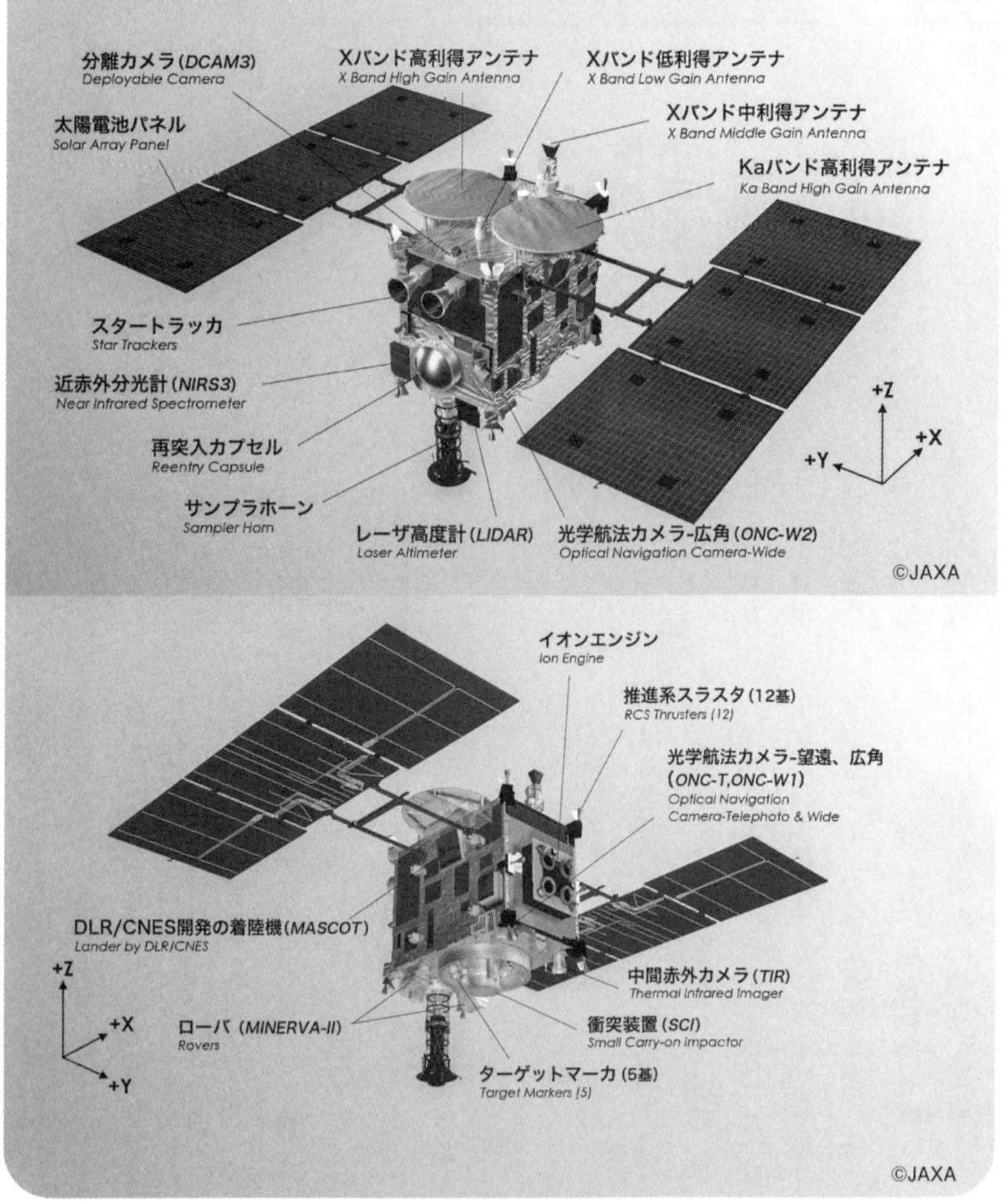

どのように地球にもたらされたのか、地球誕生の謎を解き明かすカギになると考えられています。亀田教授はこうした太陽系の惑星をおもな研究対象としています。

さて、現在宇宙には約50万個以上の小惑星が存在するそう。そこからなぜリュウグウが探査対象に選ばれたかというと、亀田教授は「様々な要素を満たし、今回の探査に適した小惑星が、そもそも50万個中2個しかなかった」といいます。

「まず50万個のうち、比較的地球に近いものが８０００個。ただ、往復するとなると近いだけではなく行きやすい位置になくてはなりません。それが８０００個中３５０個。次に直径が小さいと降りるのが難しいので、ある程度の大きさ（２００m以上）があるものとなると、３５０個中29個です。

そして、29個のうち、有機物を含むものが5個。前述のように、太陽や地球の近くにあると、水や有機物は蒸発してしまうので、太陽や地球に近いのに有機物が残っている小惑星はとても貴重なのです。イトカワも、有機物などを含まない岩石質の天体でした。

最後に、自転が早いのも降り立つ難易度が上がるので、現代の技術で降り立てそうな小惑星が、リュウグウとベヌーの2つでした。ベヌーはアメリカの探査機が調査しています」（亀田教授）

「はやぶさ2」は昨年リュウグウでの探査を終え、現在は採取した試料（サンプル）を積んで地球への帰路をたどっています。２０２０年末には地球に戻ってくる予定で、持ち帰る試料によってどんな成果がもたらされるのか、期待が高まります。

撮影・観測とナビゲーションを司る「光学航法カメラ」

ではここからは、亀田教授が開発に携わった光学航法カメラについて詳しくご紹介していきます。

上記のように、燃料としてのエンジンや、地上との通信のためのアンテナなど、様々な機器で構成される「はやぶさ2」。それぞれの機器は与えられた役割を果たし、2度の着陸（タッチダウン）と試料採取を成功に導きました。

「はやぶさ2」に取りつけられている光学航法カメラは、望遠カメラ（1つ）と、広範囲が見える広角カメラ（2つ）の2種類です。「カメラの役割」と聞いて私たちが一般的にイメージするのは、小惑星や宇宙の様子を撮影・観測することだと思いますが、光学航法カメラはそれに加えて、「はやぶさ2」をナビゲーションする役割をあわせ持ち、探査の成功に大きく貢献しました。

このナビゲーションとはどういうことなのか、亀田教授に説明していただきました。

「リュウグウは約2億８０００万㎞も離れているのに直径は約９００mしかありませんから、正確に降り立つのは至難の業です。そこで活躍したのが光学航法カメラです。

打ち上げ前のプランでは、周囲に岩がないところが１００mほどあればそこに降り立つ予定でしたが、光学航法カメラが撮影した画像を見たらそんなところはないのがひと目でわかりました。想像以上に地面がでこぼこしていて、数m規模の岩がいたるところにごろごろと転がっていたからです。

　しかし、そこで諦めるわけにはいかないので、少しでも平らで着陸しやすい地点を光学航法カメラでくまなく探しました。降りるとき岩にぶつかると探査機が壊れてしまうので、着陸地点の決定はとても重要な役割なのです」（亀田教授）

　着陸の際も光学航法カメラは大活躍。探し出した地点に「ターゲットマーカ」（下図：地面にある丸い装置）を目印として落としたあと、「ターゲットマーカ」にフラッシュを当て、そこから反射する光をカメラで確認しながら、探査機が地面に降り、試料を採取します。

　地面に降りるといっても、それはほんの一瞬です。小惑星は表面の温度が100度を超えるほど熱いので、長時間滞在すると装置が壊れてしまうからです。試料採取は、「サンプラホーン」（下図：探査機の下に飛び出ている装置）の先端が表面に接触した瞬間、小さな弾丸を撃ち込んで表面を砕いて行います。

　砕いた表面の破片は、筒のなかを反射しながら上部に昇っていき、内部の格納庫に入るという仕組みです。試料はそのまま格納庫に入れた状態で、地球に持ち帰ります。

世界で初めて成功した人工クレーター作り

　1回目の着陸で採取した表面の試料は、太陽の紫外線などを浴びて「宇宙風化」しているものです。2回目は爆薬を使ってリュウグウの表面を掘り起こし、「宇宙風化」を受けていない内部の試料を採取するという、さらに難易度の高い任務を遂行しました。

　「時限式の爆薬が積まれた衝突装置（SCI）は、本体と分離できるようになっています。衝突装置と本体を分離したあと、本体は爆破に巻き込まれないようリュウグウの裏側に逃げ、衝突装置はリュウグウ表面に爆薬を打ち込み、人工的にクレーターを作ります。

　ただ、どこに破片が飛び散るかわからないので、クレーター生成前に、生成予定の周囲を本体のカメラで撮影しておきます。そして生成後、裏側から戻ってきた本体のカメラで同じところを撮影し、地形の変化を前後で比較すると、クレーターや破片が飛び散った箇所などがわかります」と話す亀田教授。

　その後、1回目と同じ手順をふみ、着陸と試料採取を行った「はやぶさ

高度約６㎞から撮影したリュウグウ。表面がとてもでこぼこしていることがわかります。

「はやぶさ２」がタッチダウンする際のイメージ図。地面にある丸い装置が「ターゲットマーカ」、「はやぶさ２」の下に飛び出ている装置が「サンプラホーン」です。

実験室の様子

取材当日、亀田教授に実験室も案内してもらいました。

所せましと数々の装置が並ぶ実験室。手前にあるのは、亀田教授が現在取り組んでいる火星探査機の性能試験用装置。

「光学航法カメラ」とともに打ち上げた「紫外線カメラ」を手にする亀田教授。

2」。人工クレーターの生成に成功したのは世界初、しかも2回目の着陸では誤差60㎝という偉業を達成し、歴史に名を刻みました。

学生も研究に参加することで多くのものを得られる

亀田教授は以前、JAXAや他大学で研究員として勤務しており、そのときは個々がそれぞれの研究を進める「個人プレー」のような状態でした。それが、立教大学へ来てからは研究室に学生がいて、彼らと協力して「連携プレー」のような状態で研究を進められるようになったことが嬉しかったと話します。

「彼らはまだ学生ですが、十分色々なことができますし、やる気もあります。私1人では見落としていたことも、学生に確認してもらうことで、発見できるかもしれません。私にとって学生は、研究をともに進める仲間であり味方なのです。

それに学生のうちにこうしたプロジェクトに参加することは、将来、この道に進む人はもちろん、違う道に進む人にとっても、大きな財産になるはずです。一教育者として、学生には多様な経験をしてもらいたいと思っています」（亀田教授）

ほかにも、「太陽系の謎を解明するためには、1つの研究にかかりき

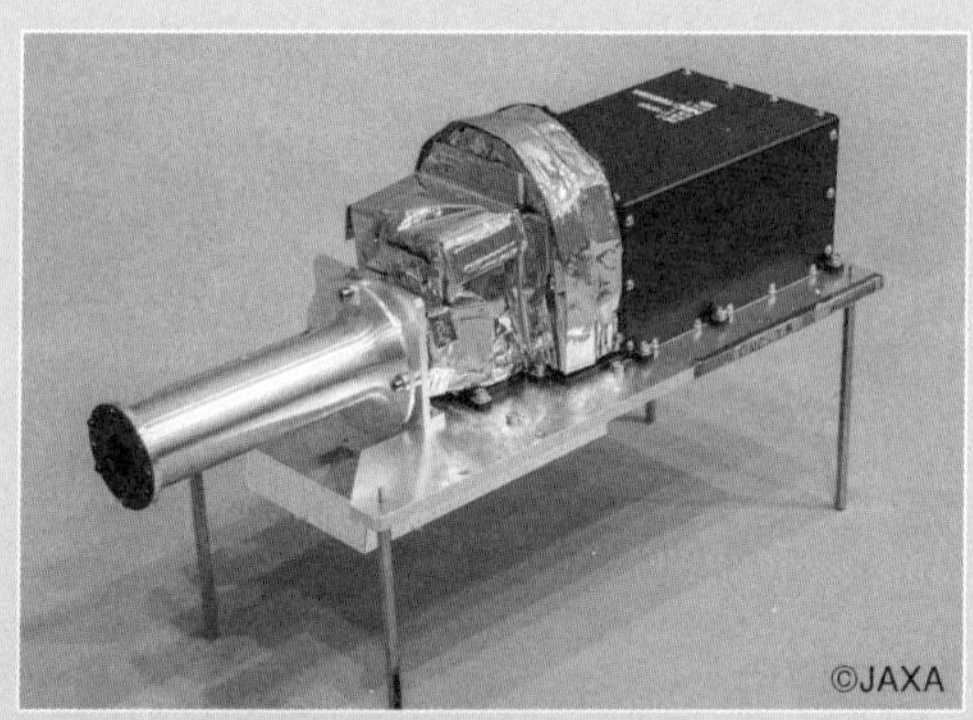

©JAXA

望遠タイプの「光学航法カメラ」。前方の筒が遮光フードです。

迷光（※）を軽減するため、遮光フードの設計を紙で試作しました。このときも学生が大いに活躍してくれたそうです。

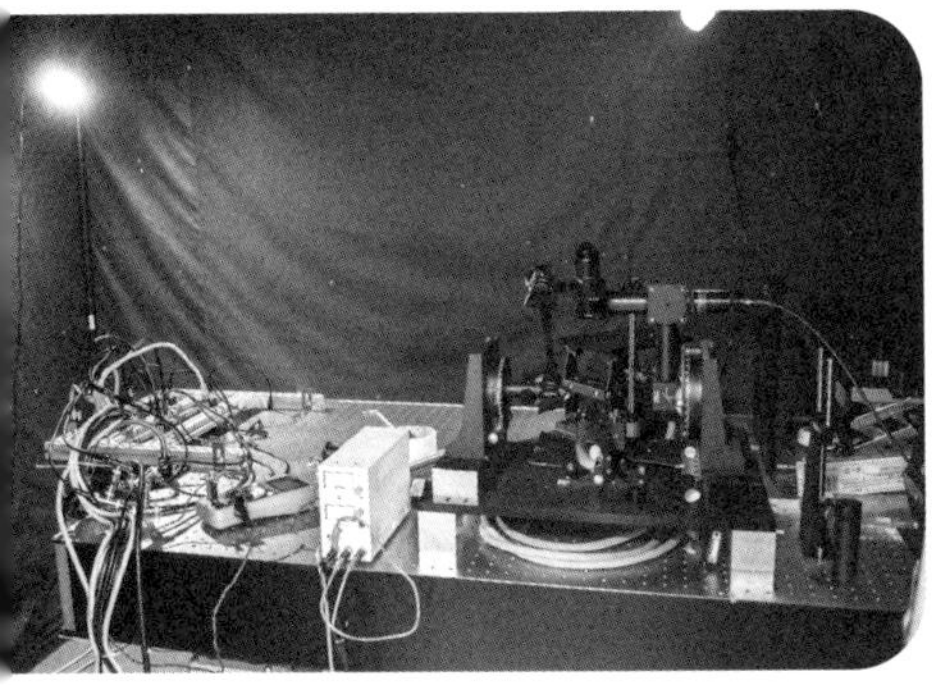

カーテンで区切って暗闇を作り出し、宇宙を再現した空間でカメラの性能を実験します。

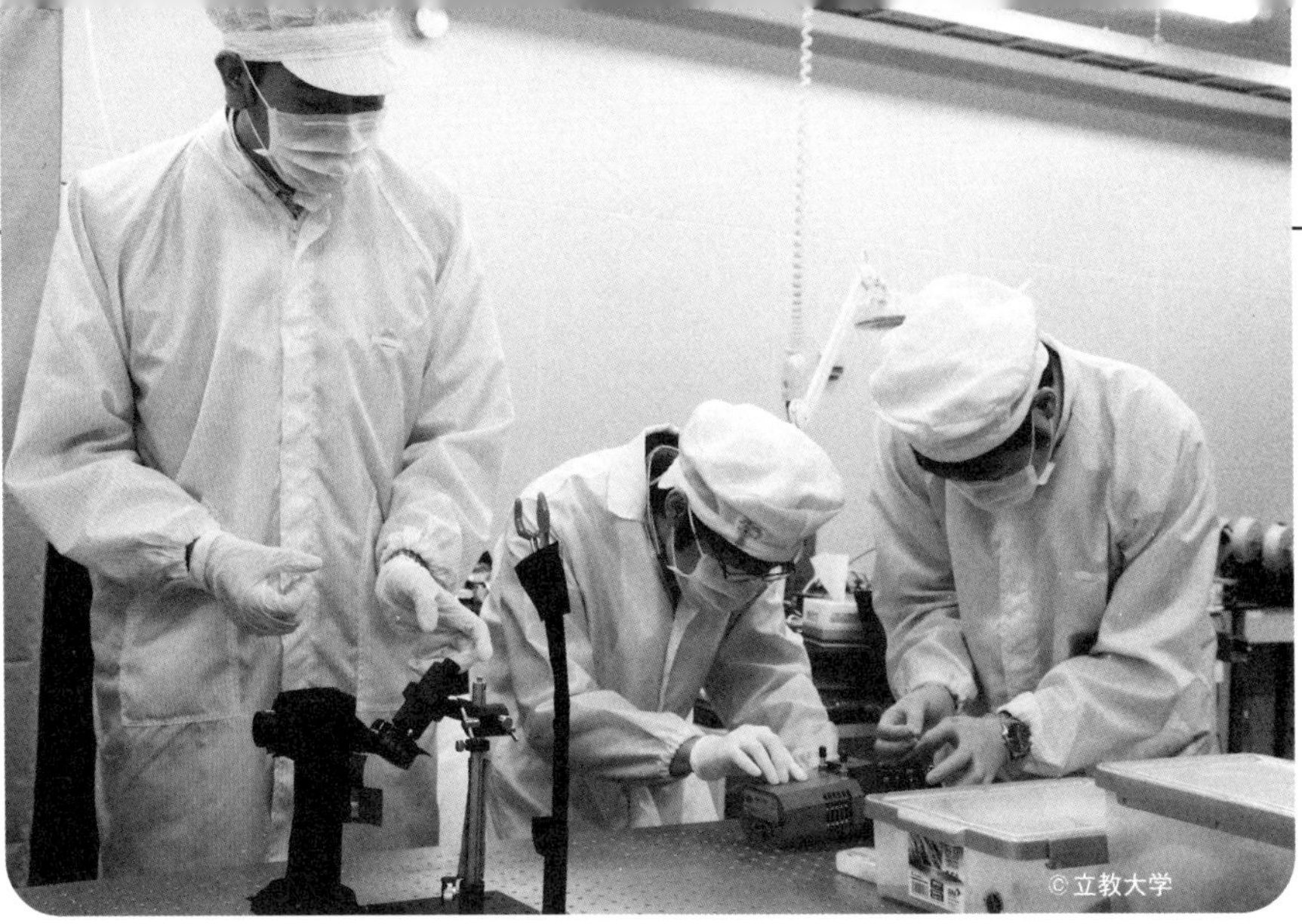

実験室にて、実験装置の準備をする亀田先生（左）と学生たち。

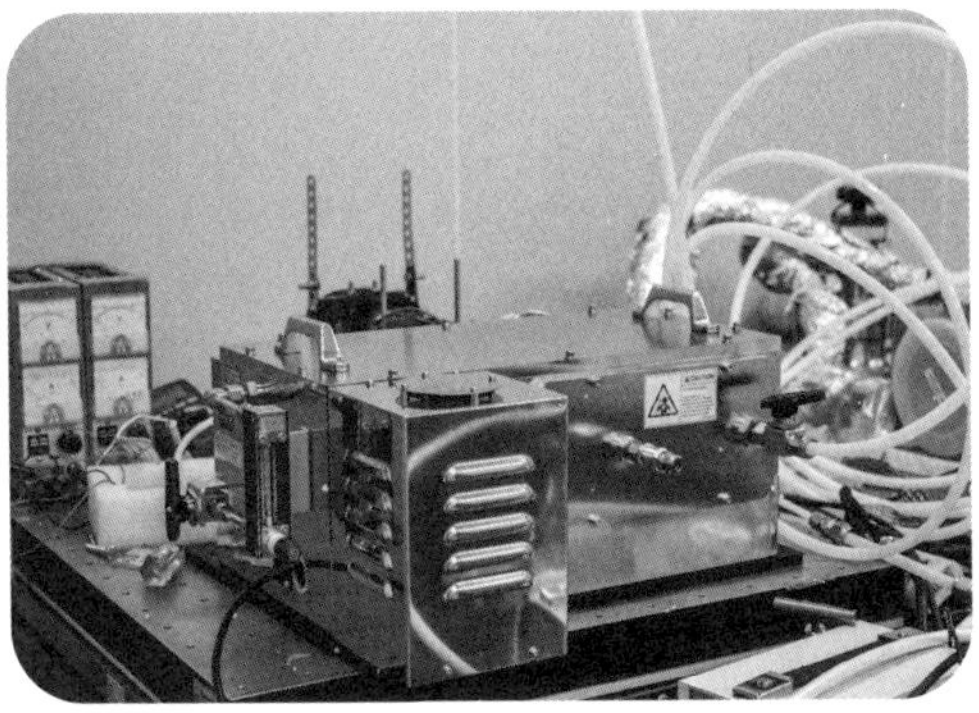

太陽系外の惑星を探査するために開発された装置。

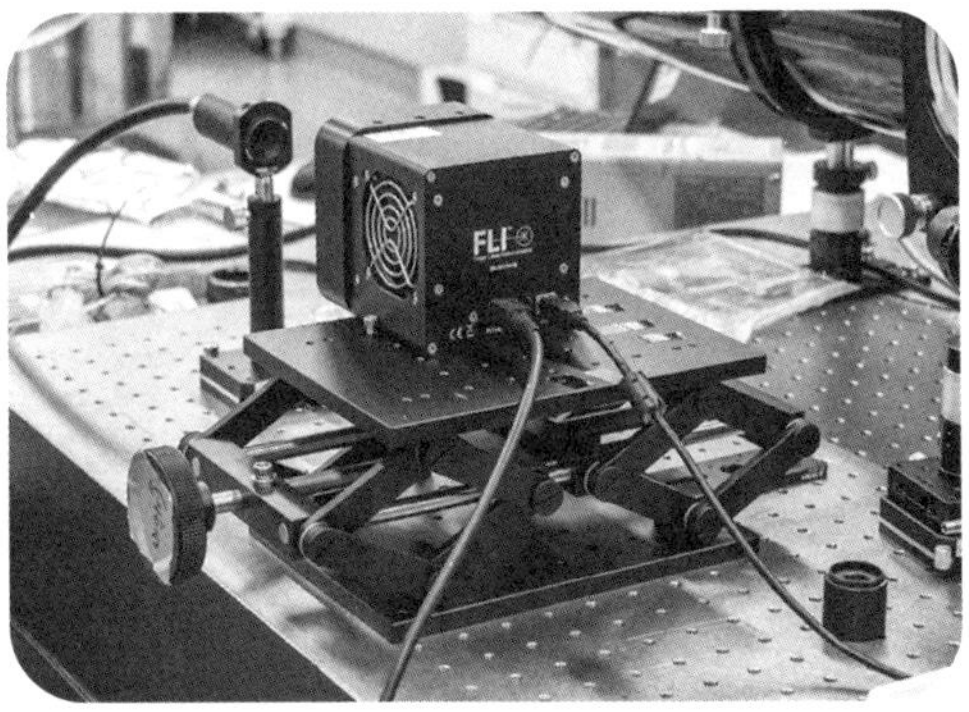

火星探査用に市販のものに改良を加えたカメラ。

りにならず色々な研究を手広くした方がいい」「宇宙に関する機器は年配の方が作っていることも多いので、技術が途絶えないように学生でも作れる手順を確立した方がいい」という面でも、学生の参加には大きな意義があるのだそうです。

　このような考えから、亀田教授は学生が様々なプロジェクトへ参加することを奨励しており、光学航法カメラの開発協力の要請をJAXAから受けたときも、学生をメンバーに入れてほしいとお願いしました。

　じつは光学航法カメラを「はやぶさ2」に搭載するまでの道のりは決して楽なものではありませんでした。何度もトラブルに見舞われ、そのつど亀田教授と学生は不備の解消に尽力してきました。

　例えば、カメラの性能試験で、予想していなかった迷光（※）を検出したときは、限られた時間で学生とともに紙で遮光フードの試作品をいくつも作り、検証を重ねました。そして、試作品をもとに設計を変更したことで、鮮明な画像が撮影できるようになったのです。

　学生の協力によって不備が改善されたことで、最初のうちは学生の参加に難色を示していた方からの信頼も得られ、現在は色々な研究に学生も大いにかかわっています。

高校生のころに実感した勉強することの大切さ

　このように、学生とのかかわりを大切にしている亀田教授。意外なことにご自身は「中学生のころは勉強が楽しくなく、机に向かう理由もわからずにいました」と語ります。

　転機となったのは、高校生のときにテレビのニュースで火星の隕石の一部を拡大した画像を見たこと。ミミズのような模様が映っていたそうで、「火星に生物が存在している証かもしれない」と、当時とても話題になりました。

　「そのころはまだ宇宙人は空想の世界の話だったので、まさか本当に火星に生物がいるなんて、夢にも思いませんでした」と亀田教授。しかもそれにかかわる研究が、科学論文として発表され、空想の世界の話だった宇宙のことが「研究」の対象となるのなら、おもしろそうだと興味を持ったそうです。

　「そこでその研究に関連する論文が載った科学雑誌を読もうとしたのですが、全部英語で書いてあったので読めなかったという経験をしたことで、勉強の大切さに気づきました。将来なんの仕事をするかはわからな

※カメラの内部で発生する光の散乱のこと。観測対象から直接到達するのではなく、迷い込んでくるような光のため「迷光」と呼ばれる。

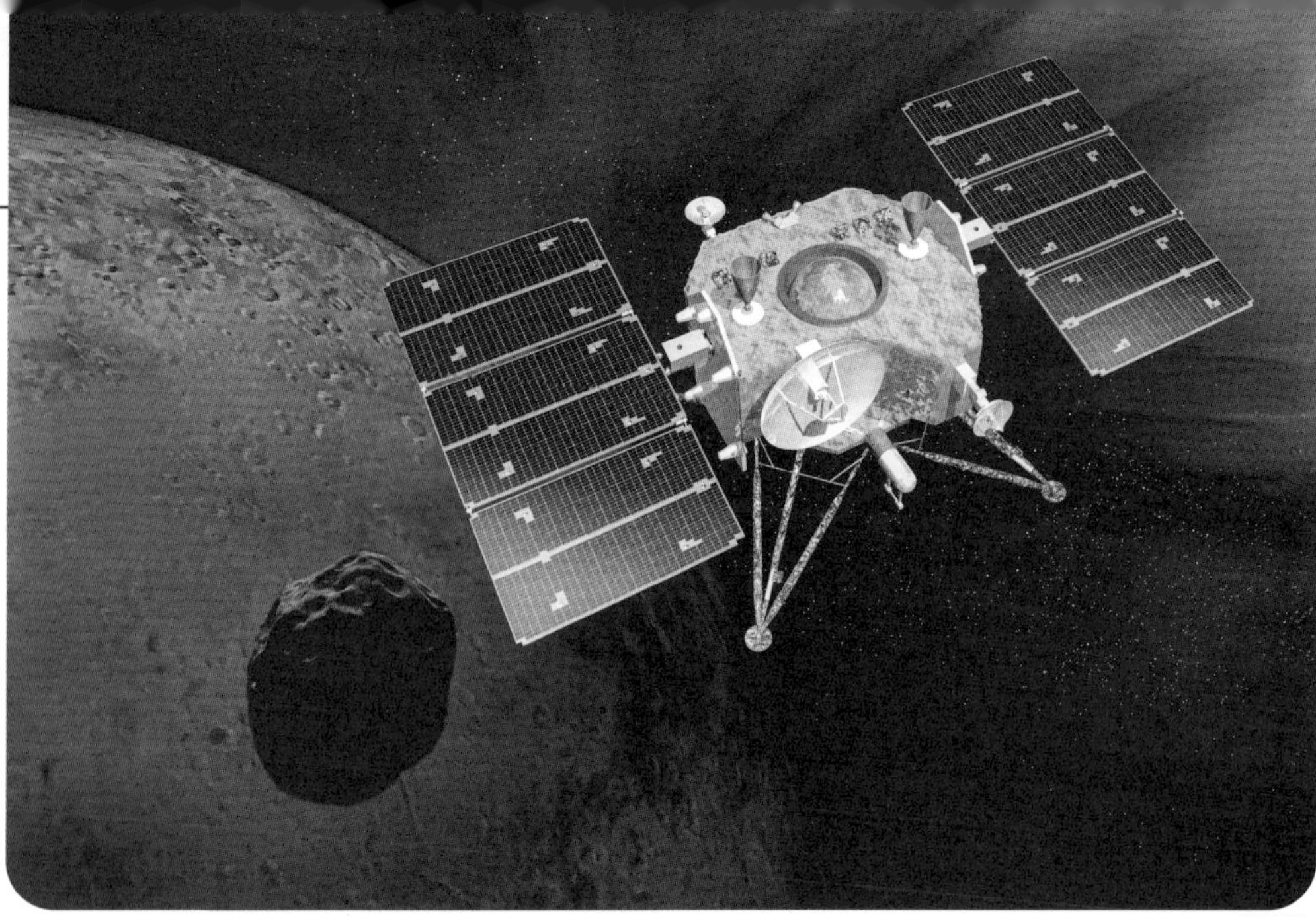

©JAXA

いし、勉強したことが役に立つかもわからないけれど、勉強しなければなにもできないということを身をもって体感したのです。

いま、勉強が楽しくないと感じている中学生のみなさん。ここでつまらないからといって勉強をやめてしまったら、将来の選択肢が狭まってしまいます。いましている勉強がこの先100%役に立つとはいえませんが、反対に100%ムダになるともいえません。未来に可能性をとっておくためにも、どの教科の勉強もしっかり取り組んでほしいです。

そして、私の研究室のように大学生のうちから宇宙の研究にかかわれるところも増えてきたので、もしこの記事を読んで宇宙の研究に興味を持った人がいたら、数年後には自分も研究にかかわっていることをイメージしながら、とくに数学や理科の勉強に力を入れてみてください」（亀田教授）

次の目標は火星探査 夢が広がる宇宙の研究

今回は「はやぶさ2」搭載の光学航法カメラについて詳しくご紹介しましたが、亀田教授はほかにも様々な研究に取り組んでいます。その1つが、JAXAが2024年の打ち上げをめざして計画を進める「火星衛星探査計画（MMX）」（上記イメージ図）です。この計画は、火星が有する2つの衛星（フォボス・ダイモス）のうち、フォボスから試料を持ち帰るというもので、亀田教授はカメラ開発の責任者として携わっています。

「『はやぶさ2』は、『はやぶさ』を改良した後継機ということで、ある程度設計が決まった段階から参加したので、改良したいところが色々とありました。MMXのカメラは、そうした改良点を盛り込みつつ、ガラっと仕様を変えた新しいものとして作っています」（亀田教授）

例えば、「はやぶさ2」の光学航法カメラ（望遠カメラ）は、地面が平らかどうかはかなり近づかないとわからなかったので、実際には近づいたり離れたりを繰り返して降りる場所を決めていました。

しかし、火星の衛星はリュウグウより大きく、重力もありますから、近づいたり離れたりを繰り返すと燃料を大量に消費してしまうので、そう何度もできません。いままで以上に遠くから細かいところを観測できるカメラが必要なので、性能の改良を進めています。画素数も「はやぶさ2」の100万画素から800万画素に改良し、よりきれいな画像が撮影できる予定です。

「宇宙の研究というと、探査機を飛ばすなど、大胆なことをしているイメージが強いですが、じつは、検査や分析など、結構細かい作業も多いんです。そういう細かい作業の積み重ねが、のちの大きな目標の達成につながっています。細かい作業を適当にしてしまうと、適当な成果しかあがりませんから、小さなことが大きなことにつながるという意識を持って、色々なことに真摯に取り組む必要があります。

その分、自分たちの作った装置で、世界でまだだれも見たことのないものを見ることができること。そして、自分たちの研究によって宇宙の謎が解明されていくこと。これらは何物にも代えがたい、宇宙の研究の特別な魅力だと思っています。宇宙はまだまだ未踏の部分が多いので、これからもどんどん探査を進めていきたいです」（亀田教授）

「最近は、昨年のノーベル物理学賞受賞でも注目を浴びた『太陽系外惑星』（太陽系の外にある惑星）の研究にも着手しています。今後は太陽系の惑星と並行して、太陽系外の惑星の研究にも力を入れていきたいです」

研究室情報

メンバー：立教大学理学部物理学科の大学生、大学院生約10名
所 在 地：立教大学 池袋キャンパス
東京都豊島区西池袋 3-34-1

ちょっと得する

読むサプリメント

ここからは、勉強に疲れた脳に、ちょっとひと休みしてもらうサプリメントのページだ。
だから、勉強の合間にリラックスして読んでほしい。
でも、このページの内容が頭の片隅に残っていれば、もしかすると時事問題や、
数学・理科の考え方で、ヒントになるかもしれないけどね。

p82 なぜなに科学実験室
p86 マナビー先生の最先端科学ナビ
p88 ミステリーハンターＱのタイムスリップ歴史塾
p89 PICK UP NEWS ピックアップニュース！
p90 思わずだれかに話したくなる　名字の豆知識
p92 サクセス映画館
p93 サクセス印のなるほどコラム
p94 数学ランドへようこそ
p98 Success Book Review
p99 行って、見て、楽しむ　イベント掲示板

耳より ツブより 情報とどきたて

駅ナンバリング

東京メトロ千代田線
赤坂駅のナンバリングは「C-06」

いよいよ東京オリンピックの開会まで４カ月だ。楽しみになってきたけど、これからパラリンピックの終幕まで、都内、また近郊には外国人があふれることになりそうだ。

君は道で出会った外国人にうまく道案内ができるだろうか。

じつは、いくら英語がうまくても、失敗してしまいがちなのが、駅を案内すること。というのも、日本には似た発音の駅が多いからなんだ。

例えば、都営地下鉄新宿線の小川町（Ogawamachi）。まったく同じ名前の駅が、東武東上線と、JR東日本・八高線の乗り換え駅として存在する（埼玉県比企郡）。これでは日本人でも間違ってしまうね。

でも、日比谷（Hibiya）と渋谷（Shibuya）は日本人では聞き間違いが多いけど、英語のネイティブスピーカーは頭文字の発音がまったく違うので間違えないらしい。ところが、赤坂（Akasaka）と浅草（Asakusa）や、板橋（Itabashi）と飯田橋（Iidabashi）は、日本人なら発音が違うと判断するけど、英語圏の人には紛らわしいんだとか。

そこで、役に立つのが各駅にふられている、駅ナンバリング【写真】で案内することだ。最近は駅でよく見かけるよね。海外でも主要都市では駅ナンバリングがつけてあるから外国人にもなじみが深い。

外国人に駅を尋ねられて困ったときには活用したいね。ちなみに駅ナンバリングのことを、英語では「Station Numbering」というよ。そのままだね。

Why? What!

なぜなに科学実験室

「えっ、なんで、なんで？」「ナンジャ、これは！」…。世の中には不思議なことがたくさんある。このコーナーは、そんな不思議なことを、みんなに体験してもらう「なぜなに科学実験室」だ。

今回のテーマは「使い捨てカイロ」の世界…。この冬は暖冬だったといわれているけど、カイロのお世話になった人も多かったんじゃないかな。じつは、カイロはひと昔前までは、炭やベンジンなどの燃料が内側に仕込んであり、それに火をつけて持ち歩いていたんだ。ジワジワと時間をかけて燃焼するカイロだったけど、熱すぎたり、火が消えてしまうこともあった。火をつけていたなんていまでは考えられないね。現代のカイロは、袋から出せばすぐに温かくなって、一定の温度で長時間持ち歩いていられる。これは不思議だ。いったい、どんな仕組みになっているんだろう。

カイロで作る線香花火

私はこの「なぜなに科学実験室」の案内役。みんなには「ワンコ先生」と呼ばれているよ。さて、この本によると「使い捨てカイロ」のなかの黒い粉で、線香花火を作ることができるというんだ。本当かな。みんなの家にも、この冬使わずに残っているカイロ、きっとあるよね。じゃあ、みんなで持ち寄って早速やってみよう！ さぁ、実験開始だ。

ワンコ先生

1 用意するもの

❶のり（スティクのりが扱いやすい）
❷キッチン用ライターやマッチ
❸使い捨てカイロ
（新品を袋から出して、すぐのもの）
❹ロウソク
❺段ボール紙
（長さ15㎝×幅2㎝ぐらいにカットしたもの）
❻ステンレスなどでできた受け皿
（ない場合は古くなったお皿や灰皿で代用できる）

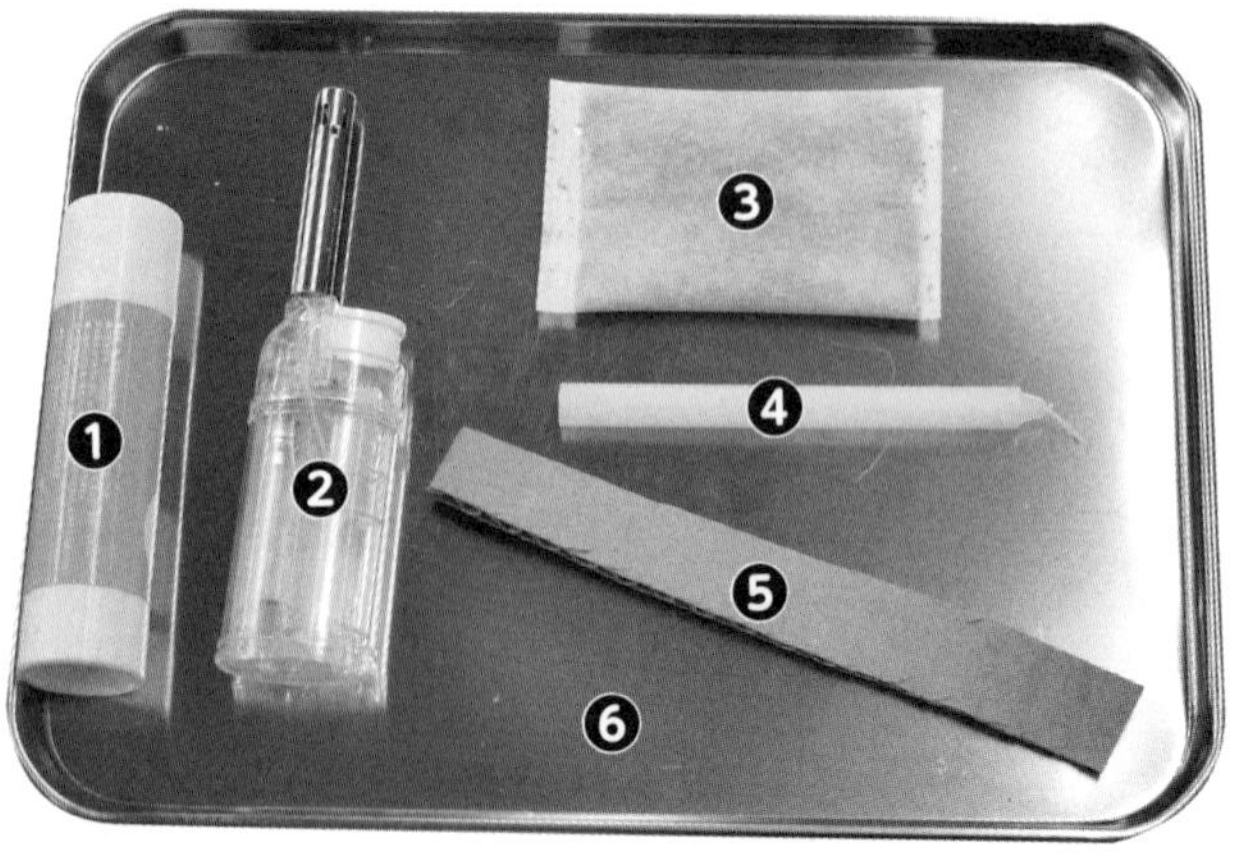

2 段ボール紙の先端をぬらす

カットしてある段ボール紙の先を3㎝ほどぬらします。水道の蛇口でぬらしてもいいし、写真のように容器にいれた水でぬらしてもかまいません。そして、そのまま20分ほど乾かします。

3 段ボール紙にのりをつける

生乾きの段ボール紙の先端、2.5㎝ぐらいにのりをつけます。表と裏、両面にたっぷりとのりを塗っておきます。少しぬらしておいたのは、あとで紙が燃えすぎないようにするためです。

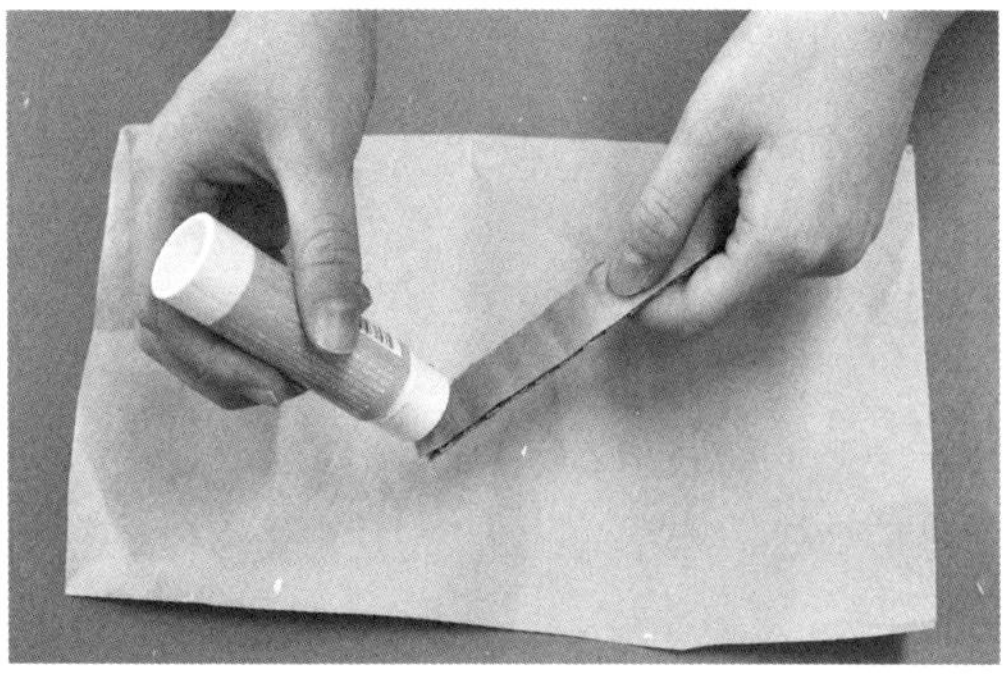

4 カイロの中身を取り出す

カイロをビニール袋から出して、紙袋の端をカットし、なかの黒い粉を全体の半分ほど外に出します。雑紙などを敷いて、粉が飛び散らないようにしましょう。

5 段ボール紙に粉をまぶす

先ほど、のりを塗っておいた段ボール紙の先端に黒い粉をまぶします。段ボール紙の先が、表と裏、両面とも黒くなるようにします。

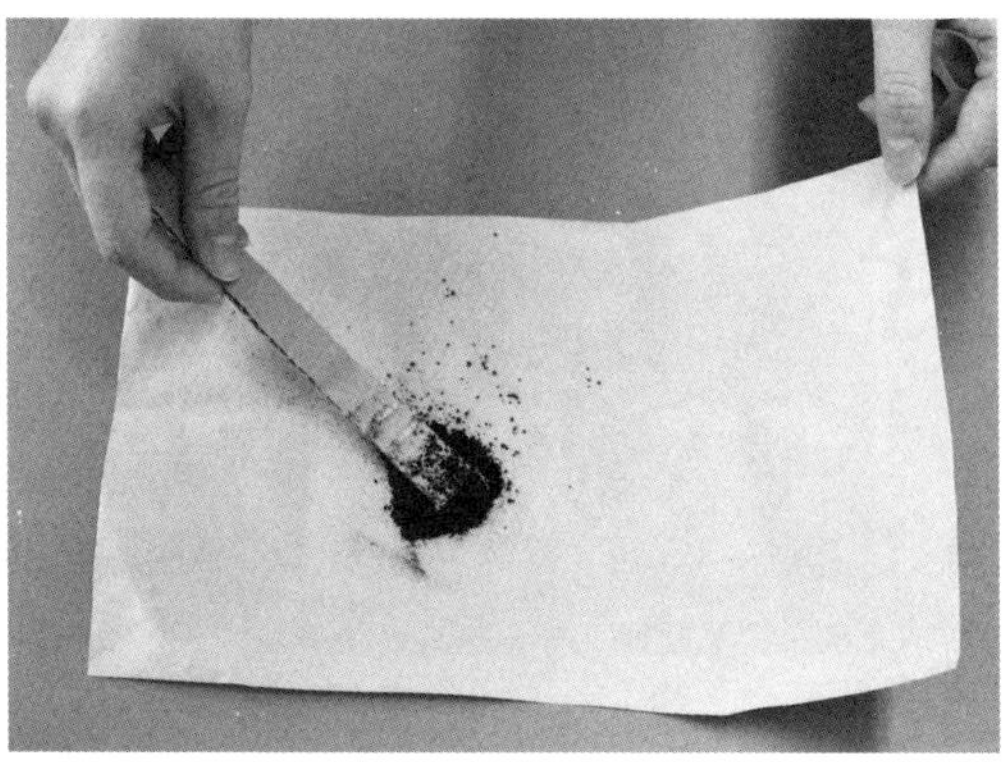

火を使うので大人といっしょに実験しよう

注意 これで準備は完了だ。次のページからは、いよいよカイロから花火が生まれるよ。でも、ここからは、火を使う実験になるので、そばに水を用意しておくなど十分に気をつけて実験してほしい。友だち同士だけでなく、大人にそばで見守ってもらうようにしよう。

6 火に注意しながらロウソクを立てる

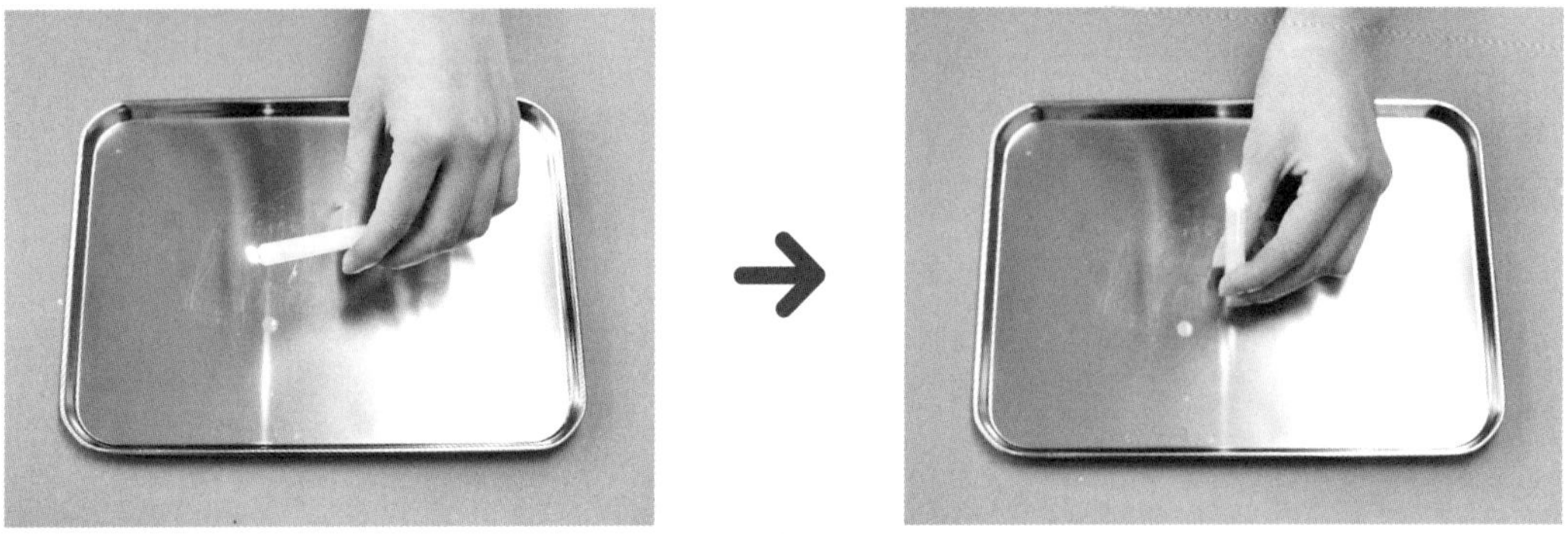

みなさんは、ロウソクを立てたことがありますか。ロウソクに火をつけてしばらくすると、炎の近くのロウが溶け落ちてきます。溶けたロウをロウソクを立てたい場所にしたたらせ、そのロウの上にロウソクを立てると、溶けたロウが固まりロウソクを支えてくれます。

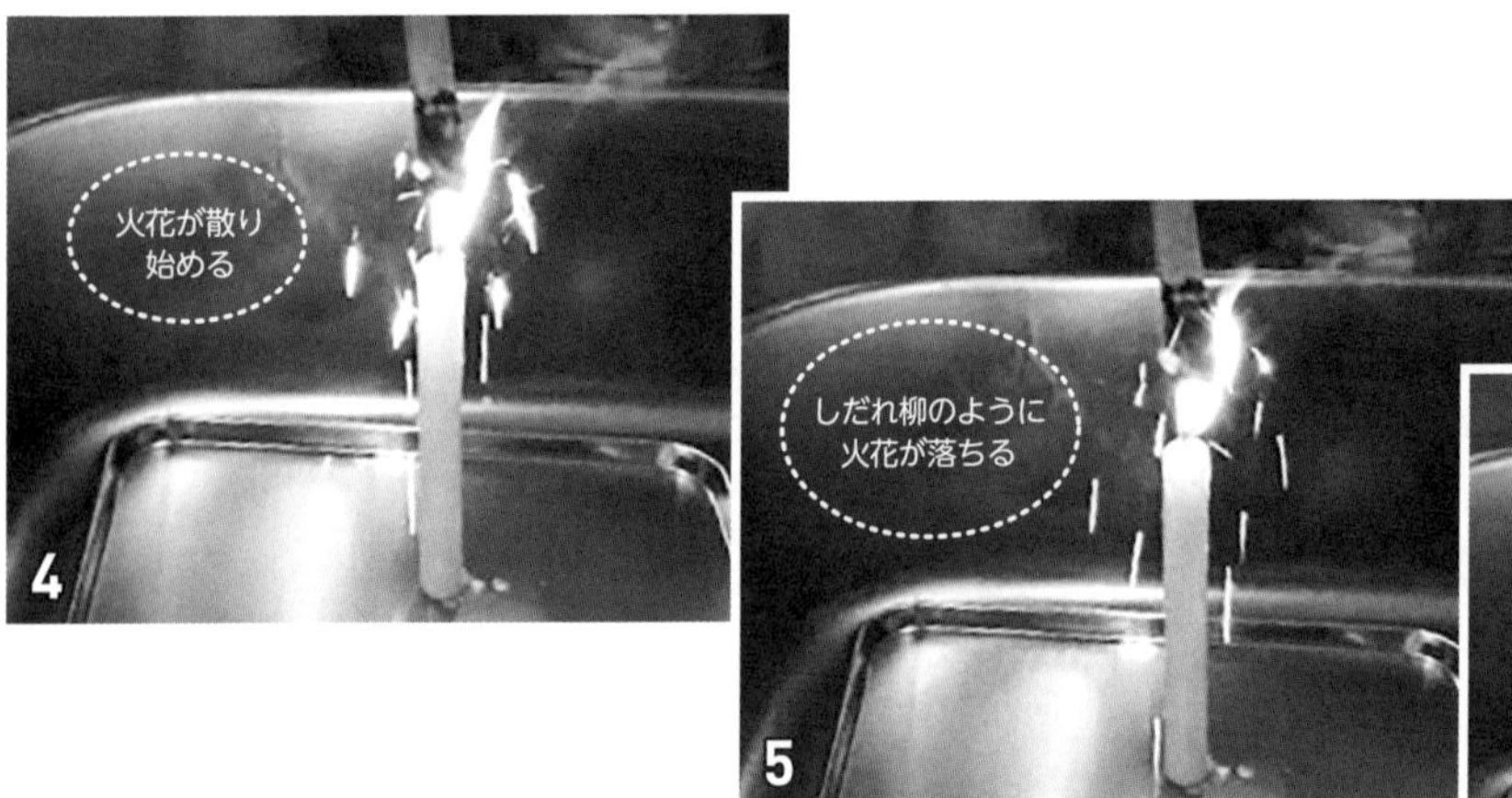

・カイロに残った黒い粉は、袋に入れたまま発熱させ、冷めきってから捨ててください。
・捨てるときは「不燃ゴミ」か「可燃ゴミ」かなど、それぞれの自治体の指示に従ってください。

ロの粉でやってみてもうまくいきません。この鉄粉は酸化が終わっているからです。

例えば鉄アレイなどが、外に放置されて赤みがかっているのを見ることがあるでしょう。あの鉄アレイも酸化してしまった例ですが、鉄アレイは熱を持っていませんよね。空気と触れあうことで酸化したものですが、反応がゆっくりとしていたため、熱は発生しなかったのです。カイロの鉄粉は、細かいために１粒１粒の表面積が大きく、酸化が速く進むことで発熱します。

鉄は酸化が速く進む物質です。じつは、「純鉄」と呼ばれる純粋な鉄はガラスビンなどに厳重に密閉されています。純鉄は空気に触れただけで燃え出してしまうからです。

キッチンなどに置かれているスチールタワシは、鉄を糸のように細くして、絡みあわされてできています。火がつくと真っ赤になって燃え、ジワジワと燃え尽きてしまいます。ですから、スチールタワシをガス台の近くに置くのは危険です。

線香花火にも鉄粉が使われています。この鉄粉に火がつくことで、一気に燃え、粉になっているため、パチパチと弾けるように燃えます。つながりあっているスチールタワシとは違う燃え方になります。

7 電灯を消しロウソクの上に段ボール紙をかざしてみる

ここでは、キッチンの流しのところを利用して実験を行いました。もしものときも水が近くにあるから安心ですし、実験の後始末も楽です。学校の理科実験室に似ている場所ですね。さて、黒い粉をまぶした段ボール紙はどうなったでしょう。

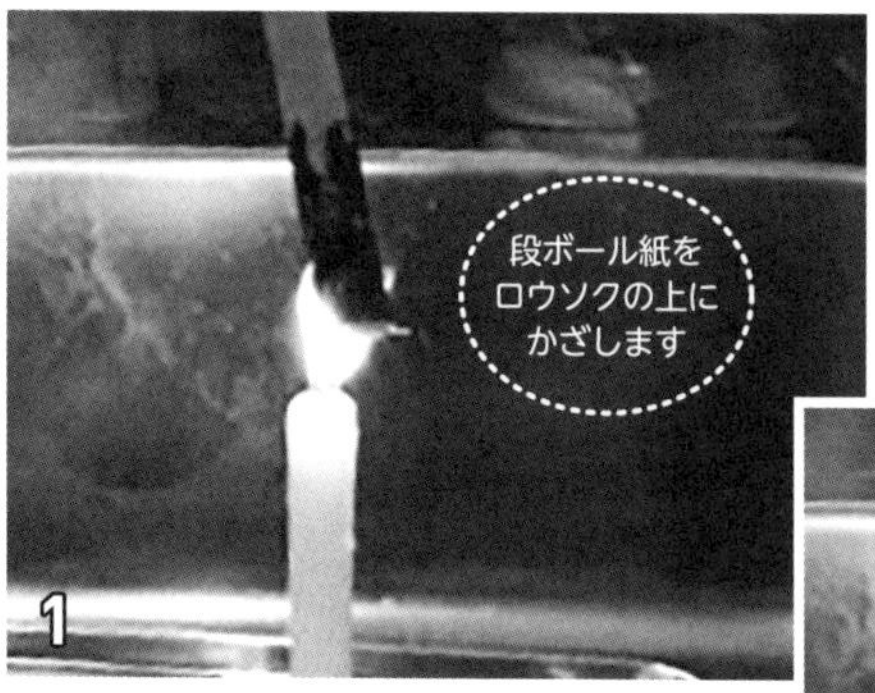
段ボール紙を
ロウソクの上に
かざします
1

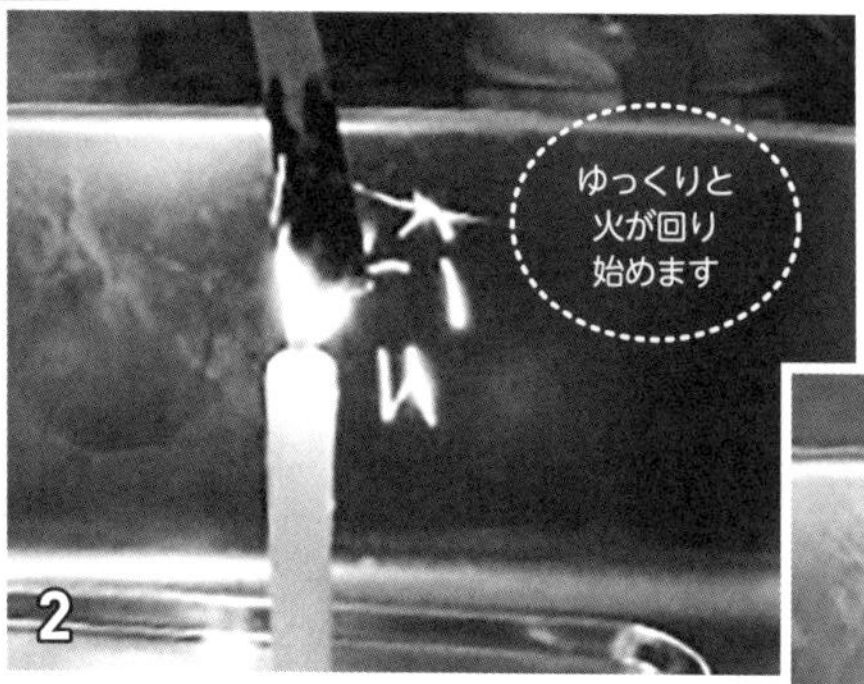
ゆっくりと
火が回り
始めます
2

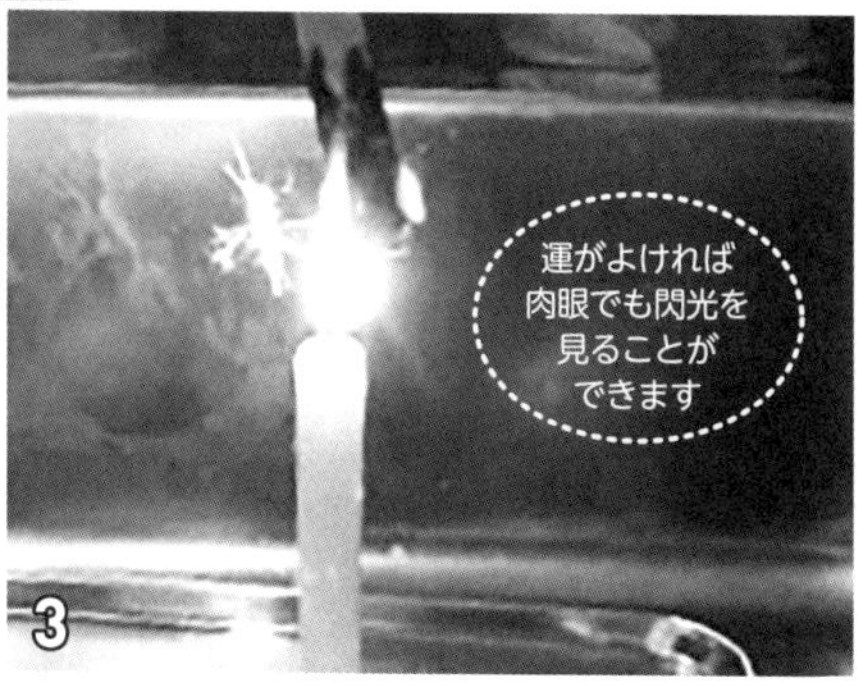
運がよければ
肉眼でも閃光を
見ることが
できます
3

写真をご覧ください。段ボール紙は生乾きのため、ゆっくりと火が回ります。すると、黒い粉に炎が触れるたびに、火花がはじけ、確かに線香花火のようになりました。

ただし、写真では閃光を確認できますが、肉眼ではなかなか見届けることはできません。しだれ柳のように火花が落ちるところは見ることができるのですが、閃光までは確認できないことがほとんどです。

解説にあるように、黒く見える粉は鉄粉でした。しかし、使い捨てカイロの場合は、鉄がゆっくりと燃えていくように様々な混ぜものを施してあります。このため、本物の線香花火のようには、なかなかならないのです。

動画はこちら▶

線香花火のように火花が散っている様子をこちらでご覧ください。

解説 鉄の酸化を利用しているカイロ

「使い捨てカイロ」のなかには、おもに鉄粉と塩、また、水分が入っています。それらが、空気を出し入れできるように表面に細かい穴が開いた紙袋に入れられています。購入時にはさらに、ビニールの袋に入っています。これは、空気に触れないようにするためです。

このビニール袋からカイロを取り出すと、紙袋の穴から入り込んだ空気（酸素）と、鉄、水が反応して急速に「酸化」して熱が発生します。

塩は、鉄粉と混ざっていることで、なかの方の鉄粉まで酸化が進む役目を担っています。鉄粉ばかりだと、外側の鉄粉ばかりが酸化して固まり、内部の鉄粉の酸化は進まず、発生する熱が長続きしないのです。

鉄は酸化すると、酸化鉄になります。酸化すると鉄にサビが生じますが、そのサビが酸化鉄です。使い捨てカイロを捨てるとき、ちょっと破いて、なかの鉄粉を見てみてください。サビと同じような赤みがかった色に変わっていますよ。

ですから、今回の実験を、すでに使い終わったカイ

【参考文献】『親子で楽しむ手作り科学おもちゃ』緒方康重、立花愛子、佐々木伸　主婦と生活社　2004／『理科好きの子どもを育てる 魔法の科学実験』山村紳一郎　日本実業出版社　2007／読売新聞2020年2月19日朝刊『理科子先生と学ぼう！』

マナビー先生の

最先端科学ナビ

FILE No.006

月面探査車 YAOKI

諦めずに探査車を製作 追い続けた宇宙への夢

みんなは「アポロ計画」という宇宙開発計画を知っているかな。かつてアメリカが行った、そのアポロ計画は、1961年、当時のJ・F・ケネディ大統領が、10年以内に月面に有人宇宙船着陸を成功させると演説して始まった。ピタリ、その10年後、アポロ11号でニール・アームストロング船長が月面に降り立ったのだ。アメリカはその後、17号まで合計6回、月に着陸、12人の宇宙飛行士を月面に送ったんだ。

ケネディ大統領の1961年の演説、「We choose to go to the Moon. Not because they are easy, but because they are hard」（我々は月に行くことを選んだ。簡単だから挑むのではない、困難だからこそ挑むのだ）という言葉は、入試問題に採用されるなど有名だ。

アポロ計画が17号で終了後、昨年までで50年間、人類は月面に足を踏み入れてはいない。

でも、科学技術はその後も進歩してきた。国家プロジェクトでなければ挑めなかった宇宙開発も民間レベルで行うことができる時代になっている。今回紹介するのはそんな宇宙への夢を実現にこぎつけた1人の日本人技術者のお話だ。

東京都大田区にある株式会社ダイモンの中島紳一郎社長がその人。彼は元自動車のエンジニアで、めざしているのは究極のモビリティー（移動手段）として月面を探査できるローバー（乗りもの）だ。

いまは便利な道具、3Dプリンターがある。歯車や必要な部品を、模型を作るように製作することができる、立体を形作るプリンターだ。

中島社長は月面で色々なミッションをこなすため、3Dプリンターを使っていくつも試作機を作り、月面を動き回るローバーの姿を夢に見続けたんだ。

月は砂やごろごろした岩に覆われている。工夫もなく普通に走行させるだけではすぐに砂に埋まったり、脱輪や転倒を起こしてしまう。それでは月面で使うことができない。

そこで転倒しても簡単に起き上がることができる2輪の形を考案した【写真】。大きさもそれまでほかの企業が試作していたものより、かなり小さくできた。

名づけた名前は「YAOKI」。「七転び八起き」のヤオキだね。

アメリカの民間ロケットで 月へと出かけるYAOKI

砂場や岩場で走行実験を繰り返し、ついには期待通りの走行性能を持つローバーができあがった。小さい本体なのでカメラも地面に近く、月面の探査には好都合だ。

マナビー先生

大学を卒業後、海外で研究者として働いていたが、和食が恋しくなり帰国。しかし科学に関する本を読んでいると食事をすることすら忘れてしまうという、自他ともに認める“科学オタク”。

月面を動き回りもし転んでも自ら姿勢を復元し探査を継続

せっかくすばらしいローバー、YAOKIができたのに、中島社長にはそれを月に運ぶ手段がなかった。

でも、諦めなかった。

YAOKIが砂場や岩場で走行し、倒れても何度も起き上がり、カメラの映像を送ってくる様子を撮影し、YouTubeに投稿してアメリカの企業に売り込んだんだ。

やがてアメリカの技術者の目に留まり性能も認められて、2021年、アメリカ企業のロケットに搭載し、月に運んでもらうことが決まった。でも問題はそこからだった。

月面の過酷な環境に負けず、倒れても転んでも自ら姿勢を復元して探査を続けることができるYAOKI。(写真提供:株式会社ダイモン)

町の工場仲間とタッグを組んで乗り越えた

ロケットの発射のときには大きなG(重力)がかかる。試作機を作ったのは樹脂用の3Dプリンターだった。これでは打ち上げ時の衝撃や、月面での作業時に簡単に壊れてしまう。樹脂で作った部分を金属にするため、色々な企業に相談し、同じ大田区で金属加工を専門にしている株式会社東新製作所で、金属粉末を使う3Dプリンターを使って部品を作ってもらえることになった。

樹脂製で開発した機能を活かしながら、金属でできた精密で丈夫な部品を作ることができるようになったんだね。

このローバー、YAOKIはリモートコントロールで動き、撮影した画像を地球まで送ってくる。

月には竪穴がいっぱいある。この竪穴は将来人間が活動する拠点になると考えられている。穴の底には水資源もあるのでは、といわれている。

この竪穴にYAOKIを落として、探査できたらすばらしい成果が得られるはずだと期待されているんだ。

着々とYAOKIを月に運ぶ準備が進んでいる。来年、YAOKIが月に到着し、興味深い映像が届くはず。期待したいね。

様々な困難を乗り越えた中島社長の行動力を見ると、ケネディ大統領の言葉が思い出されないかい?

ちなみにYAOKI計画では、大統領が発した言葉“We choose to go to the Moon.”を引きついで、“We choose to touch the Moon.”をキャッチフレーズにしているよ。

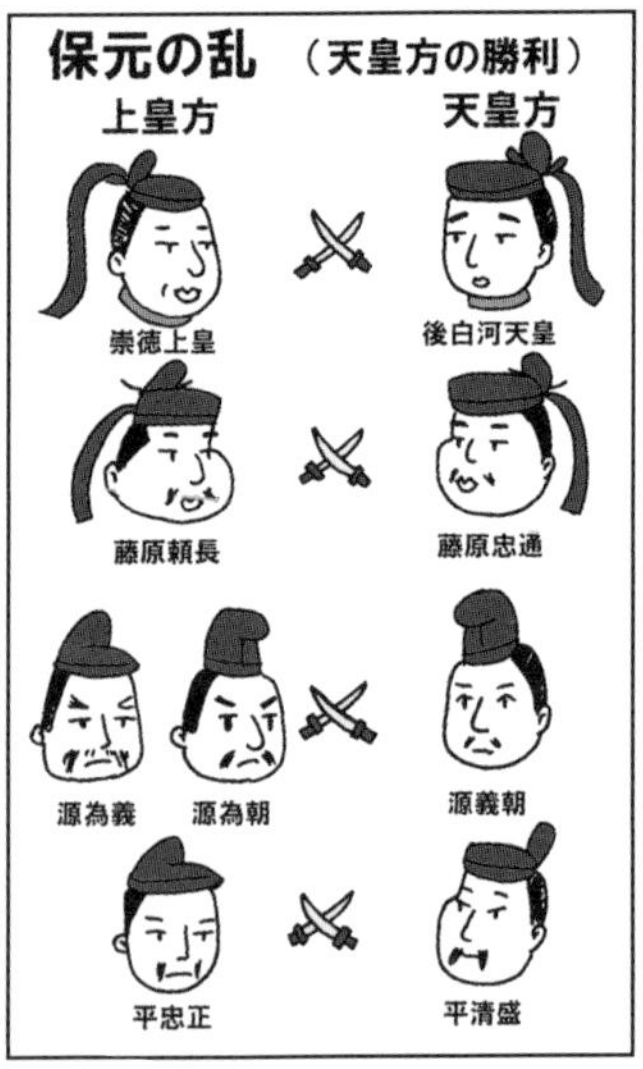

ミステリーハンターQのタイムスリップ歴史塾

保元・平治の乱

平安時代末期に起こった2つの争乱が今回のテーマ。登場人物も多いから、しっかり覚えておこうね。

勇　平安時代末期に大きな争乱が2つあったんだよね？

MQ　保元の乱と平治の乱のことだね。

静　どんな乱だったの？

MQ　当時は天皇を退位した上皇や法皇が政治を行う院政時代だったんだけど、このため、上皇と天皇が対立することがしばしばあったんだ。

勇　摂関政治をしていた藤原氏はどうしてたの？

MQ　藤原氏のなかでも上皇方や天皇方に分かれて勢力争いがあったんだ。

静　複雑な感じね。

MQ　そこで力をつけてきた武士がかかわって起こったのが保元の乱だね。

保元元年の1156年、院政を行っていた鳥羽法皇が没すると、法皇の子の崇徳上皇と、崇徳上皇の弟の後白河天皇が対立。摂関家では上皇方に藤原頼長、天皇方に兄の藤原忠通がついた。さらに上皇方に源為義、平忠正がつき、天皇方に源義朝、平清盛が味方しての戦いになったんだ。

天皇家と藤原氏は兄弟、源氏は親子、平氏は叔父と甥の争いだった。

勇　天皇家も藤原氏も源氏も平氏もみな敵味方になったんだね。

MQ　戦いは後白河天皇方が圧勝して、崇徳上皇は讃岐（現・香川県）に流され、藤原頼長は敗死、源為義と平忠正は斬首されてしまったんだ。

静　平治の乱はどうして起こったの？

MQ　保元の乱の結果、貴族が弱体化して、武士の力が強くなったんだけど、とくに平清盛の勢いが強かったことから、源義朝は平治元年の1159年、清盛が熊野参りをしている留守に挙兵して内裏を占拠した。後白河上皇を幽閉して、一時は有利になったけど、帰京した清盛によって鎮定され、義朝は殺されてしまったんだ。これが平治の乱だ。

勇　義朝の子って源頼朝だよね。頼朝も戦ったの？

MQ　頼朝も戦ったけど、まだ12歳だったから、命は助けられ、伊豆に流されたんだ。

静　このときにもし頼朝が殺されていたら、鎌倉幕府はなかったかもしれないね。

MQ　2つの争乱で、武士の力が圧倒的になり、平治の乱で勝利した平氏は政治の実権を握り、藤原氏は政治の舞台から姿を消すことになった。

その後20年以上にわたって平氏政権が続くけど、源平合戦で滅亡して、源氏による鎌倉幕府が成立するんだ。

ミステリーハンターQ（略してMQ）

米テキサス州出身。某有名エジプト学者の弟子。1980年代より気鋭の考古学者として注目されつつあるが本名はだれも知らない。日本の歴史について探る画期的な著書『歴史を掘る』の発刊準備を進めている。

山本 勇

中学3年生。幼稚園のころにテレビの大河ドラマを見て、歴史にはまる。将来は大河ドラマに出たいと思っている。あこがれは織田信長。最近のマイブームは仏像鑑賞。好きな芸能人はみうらじゅん。

春日 静

中学1年生。カバンのなかにはつねに、読みかけの歴史小説が入っている根っからの歴女。あこがれは坂本龍馬。特技は年号の暗記のための語呂合わせを作ること。好きな芸能人は福山雅治。

国際地質科学連合により国際標準模式地に認定された「千葉セクション」。（2017年12月10日撮影・千葉県市原市）写真：時事

PICK UP NEWS
ピックアップニュース！

今回のテーマ

チバニアン正式決定

約77万4000年前から約12万9000年前までの地球の地質年代を「チバニアン」とすることが、このほど韓国で開かれた国際地質科学連合の理事会で正式に決まりました。チバニアンとはラテン語で「千葉時代」という意味です。これは、「千葉セクション」と呼ばれる千葉県市原市にある地層が、前期更新世と中期更新世の境界を示す代表的な地層（国際標準模式地）と認められたためです。地球の地質年代に日本に関係する名前がつけられるのは初めてです。

地球の歴史は約46億年とされ、生態系や気候変動などで117の時代に区分されています。チバニアンは、このうち新生代第四期更新世カラブリアンと更新世後期の間に位置することになります。

地球には磁場を示すN極とS極がありますが、過去360万年でこの磁場が11回逆転したことがわかっています。その逆転が最後に起こったのが約77万4000年前です。その後約12万9000年前に大きな気候変動が起こりました。したがって、この期間の命名をどうするかという問題がありました。

1970年代に日本の学者が千葉セクションで磁場逆転の痕跡を確認、詳しい調査に基づいて、2015年に地磁気逆転を約77万年前とする論文が発表され、2017年に茨城大学と国立極地研究所が国際地質科学連合にチバニアン命名の申請をしました。

ところが、イタリアの研究者チームが、同国のイオニア海の近くにある２つの地層を、同じ年代を表す地層だとして「イオニアン」として申請しました。このため、同連合の作業部会が審査、１次審査ではチバニアンが認められましたが、その後もイタリアはイオニアンを強硬に主張、日本国内にもチバニアンに異議を唱える研究者もいて、今回の韓国での理事会ではチバニアン賛成派と反対派の対面会合が開かれました。その結果、①地磁気逆転の様子がよくわかる②放射年代測定が可能③氷期、間氷期の特徴を示している、などの理由で、チバニアンが認定されることになったのです。

ちなみに、チバニアンの次の約12万9000年前から約１万1700年前までの年代名はまだ決まっていません。約１万1700年前から現在までは新生代第四期完新世です。

ジャーナリスト 大野 敏明
（元大学講師・元産経新聞編集委員）

思わずだれかに話したくなる

名字の豆知識

第9回

今回は

中村

中村ってどんな村？

全国に広く分布する第8位の「中村」

中村さんは全国第8位、１０４万１２００人と推定されます。都道府県別では鹿児島で1位、石川、福岡、熊本で2位、三重、滋賀、京都、大阪、和歌山、山口、長崎で3位、富山、長野、奈良で4位、5位はなく、福井で6位、青森、東京、兵庫、鳥取、佐賀で7位、千葉、広島、宮崎で8位、茨城、埼玉、神奈川、香川で9位、北海道、愛知で10位です。29都道府県でベスト10入りを果たしている大姓です。

最も順位が低いのは山形での53位、次いで福島で51位、秋田で38位といったところですが、沖縄でも33位にランクされるほど、全国に広く分布している名字といえます（新人物往来社『別冊歴史読本日本の苗字ベスト１００００』より）。

「中村」のいわれを地名から探ると…

中村という地名はどうでしょうか。北は北海道から南は大分まで数多く点在します。また、中村町を含む中村を冠する地名も全国に分布しています。いまは四万十（しまんと）市となっていますが、高知県には２００５年まで中村市がありました。名古屋市には中村区があります。

中村市と中村区について、そのいわれをみてみましょう。

高知県にあった中村市は土佐の小京都といわれ、中世は公家大名の一条氏が支配していました。中村の地名は鎌倉時代から見え、中心的村落の意味と考えられます。１９５４年に11町村が合併して中村市になりました。

全国各地にある中村という地名も、そのほとんどが中心的村落という意味であると考えられます。ですが、名古屋市中村区の方は少し違う説があるようです。中村区は１９３７年に名古屋市の区になりました。それまでは町でした。庄内川の左岸に位置し、豊臣秀吉や加藤清正が生まれたところとして有名です。『中村区史』によると古代、北九州に稲作文化を形成した「ナカ族」が現在の愛知県名古屋付近に移住して「ナカムラ」となったのではないかとの説を紹介しています。確かに福岡県には那珂川という川が流れていて、古代にはナカ族という部族が居住していたらしいのですが、それが名古屋に進出して現在の中村区の名の由来になったというのはどういうことでしょう。

「中村」という名字は「田中」という名字と関連があるとされています。稲作が本格化することで、全国的に「田中」という地名ができ、そこの中心的村落が「中村」となっていったと考えられるからです。

こうしたことを総合すると、「中村」は中心的な村落として地名があり、それを名字にした場合と、なんらかの村名を持った村の中央、もしくはそこの中心的存在であった家が名乗ったと考えることができます。

「村」のつく名字が多い理由とは

そこでちょっと「村」について考えてみましょう。

ムラとは「集まっているところ」という意味です。そこで漢字としては「群」「叢」といった字をあてます。家々が集まっているところでは「村」「邑」「邨」などと書きます。ムレルは動詞で、そこからムレ、ムレイという地名もできました。「牟礼」は現在、埼玉県大里郡寄居町、東京都三鷹市、山口県防府市に大字があります。長野県上水内郡には2005年まで牟礼村が、香川県木田郡には2006年まで牟礼町がありました。また、和歌山県には東牟婁郡、西牟婁郡、南牟婁郡、北牟婁郡があり、これもムレの派生と考えられます。

このようにムラ、ムレ、ムロは元々同じ言葉と考えられ、とくに「村」と書かれるムラが最も強力に全国展開したということになります。

平安時代末期から中世にかけて武蔵国を中心に存在した同族的武士団の武蔵七党の1つ、丹党にも中村氏がいますし、桓武平氏大掾氏出身で常陸国鹿島郡中村に住んだ中村氏、清和源氏の武田氏の一族で、甲斐国中村荘に住んだ中村氏などがあります。

『日本史資料総覧』（東京書籍）には江戸時代の旗本の一覧表が載っています。時代は寛政年間（1789〜1800年）とみられ、そこには5116家の旗本家がすべて記載されています。中村姓の旗本は19家。全体の0・37％です。現代の中村姓の人が全日本人の0・83％ほどであることを考えれば、少ない数字といえます。

江戸時代、幕府公認で歌舞伎を上演した江戸三座の1つ中村座は、江戸時代初期に創設され、当初は猿若座といっていましたが、座元が中村勘三郎であったことから、中村座となりました。

江戸三座
中村座

春待つ僕ら

高校入学を機に勇気を出して新しい自分へ

高校に進学してからも、小学校時代のトラウマを払いのけられず、友だち作りや人前に立つことが苦手なままの美月。そんな彼女が葛藤しながらも日々成長していく様子を描いた青春ストーリーです。

ある日、美月のアルバイト先の喫茶店に、同じ学校で人気を誇るバスケットボール部の部員（イケメン四天王）がやってきたのを機に、美月の高校生活がにわかに慌ただしくなっていきます。勇気を出して友だちをカフェに誘ったり、バスケ部の試合の応援に行ったりするうちに、自分だけでなく、だれもが壁にぶつかり、苦しんでいることを知る美月。仲間との交流を通して、彼女が少しずつ前へ進む姿に勇気づけられます。

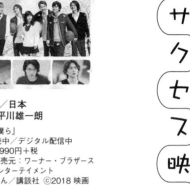

2018年／日本
監督：平川雄一朗

『春待つ僕ら』
DVD発売中／デジタル配信中
価格：3,990円＋税
発売・販売元：ワーナー・ブラザース ホームエンターテイメント

モンスターズ・ユニバーシティ

大学で出会った2人が最高の相棒に

個性豊かなモンスターが暮らす街のエネルギー源は、〝怖がらせ屋〟のモンスターが毎夜人間界の子ども部屋を訪れては集める「子どもたちの悲鳴」。将来〝怖がらせ屋〟になることを夢見るマイクは、モンスターズ・ユニバーシティの〝怖がらせ学部〟に入学し、のちに最高の相棒となるサリーと出会います。でもこの2人、入学当初は互いの存在が気に食わず衝突ばかり。いったい2人はどうやって仲を深めたのでしょう？

仲間と出会い、きずなを深める学生時代は、かけがえのない時間であることを教えてくれる映画です。なお、彼らが名コンビとして活躍する様子は、前作の「モンスターズ・インク」で描かれています。

2013年／アメリカ
監督：ダン・スキャンロン

『モンスターズ・ユニバーシティ』
ディズニーデラックスで配信中

オズランド 笑顔の魔法おしえます。

新社会人として踏み出す新たな一歩

彼氏と同じ会社に就職し、新しい生活に胸を膨らませる新社会人の久瑠美（くるみ）が配属されたのは、なんと地元から遠く離れた熊本の遊園地！　しかも命ぜられる仕事はゴミ拾いなどの雑用ばかりで、不満を抱えながらただ仕事をこなす日々でした。しかし、あることをきっかけに仕事に対する姿勢が変わっていき…。

進学や就職で意気揚々と新天地へ赴き、理想と現実のギャップに悩むことは多々あるでしょう。そんなとき、みなさんはどうしますか。すぐ投げ出してしまうのか、それとも挑戦して乗り越えるのか。未来をどう切り拓いていくかは自分次第です。この春、新しい一歩を踏み出す人にぜひ見てほしい作品です。

2018年／日本
監督：波多野貴文

『オズランド 笑顔の魔法おしえます。』
DVD発売中
価格：4,500円＋税
発売・販売元：エイベックス・ピクチャーズ

生徒 先生

サクセス印のなるほどコラム

身の回りにある、知っていると役に立つかもしれない知識をお届け!!

知ってる？　外国人向け地図記号

地図記号ってあるじゃない？　あれってパっと見てさ、どんなところを意味する記号なのかがすぐにわかる記号と、逆にわかりづらい記号がない？

地図記号か…例えば？

交番。

交番？

うん。

どんな記号だったかな？？？

そう思うでしょ！　これがね…。

えっ？　こんな記号だっけ？

これね、調べたんだよね。なんでバツが交番を表す記号なのか。そしたらなんと、制服の警察官が持っている警棒を２本クロスしてるんだって！

そうだったんだ！　でも、普段、警察官は警棒を２本持ってるのかなあ？？？

持ってないよね。これがさ、外国人向け地図記号とかいうのがあってさ。

あっ、聞いたことがある。日本を訪れる外国人旅行者などに向けて、外国人がよく訪れる場所の地図記号を視覚的によりわかりやすく記号化したものだよね。交番はたしか、警察官の横顔みたいなやつ？

これ。

あー、横顔というか敬礼をしている姿だね。こちらの記号の方がわかりやすい気がする。

じゃあさ、銀行の地図記号はわかる？

銀行っていうか、地図だとATMのある場所にも書いてなかった？

先生が言っているのは、それも外国人向け地図記号ってやつじゃない？　これでしょ？

そうそう！　地図記号はこれじゃないの？

先生～小学校で習ったでしょ！　これだよ！

あ～見たことある気がする。キミに教わるなんて、いつもと逆な気がするなあ（苦笑）。

ぼくの方が若いからね。じゃあこれは？

これは、知ってる！　ヘリポート！

地図記号だよ？

えっ？　違うの？

うん。違うよ。これはね…。

考えるからちょっと待って！　え～と…。

Hがつくところだよ…。

もしかして、ホテル？

そう正解。これもわかりにくいよね。

これも外国人向けの地図記号があるの？

うん。これらしいよ。

いっそのこと、全部外国人向けに変えればいいのにね。

それを言うなら、先生、もっと地図記号を覚えようよ。昔さ、習ったんだから。

はい…スミマセン。今回は返す言葉がありません。

ピース！　勝った（笑）。

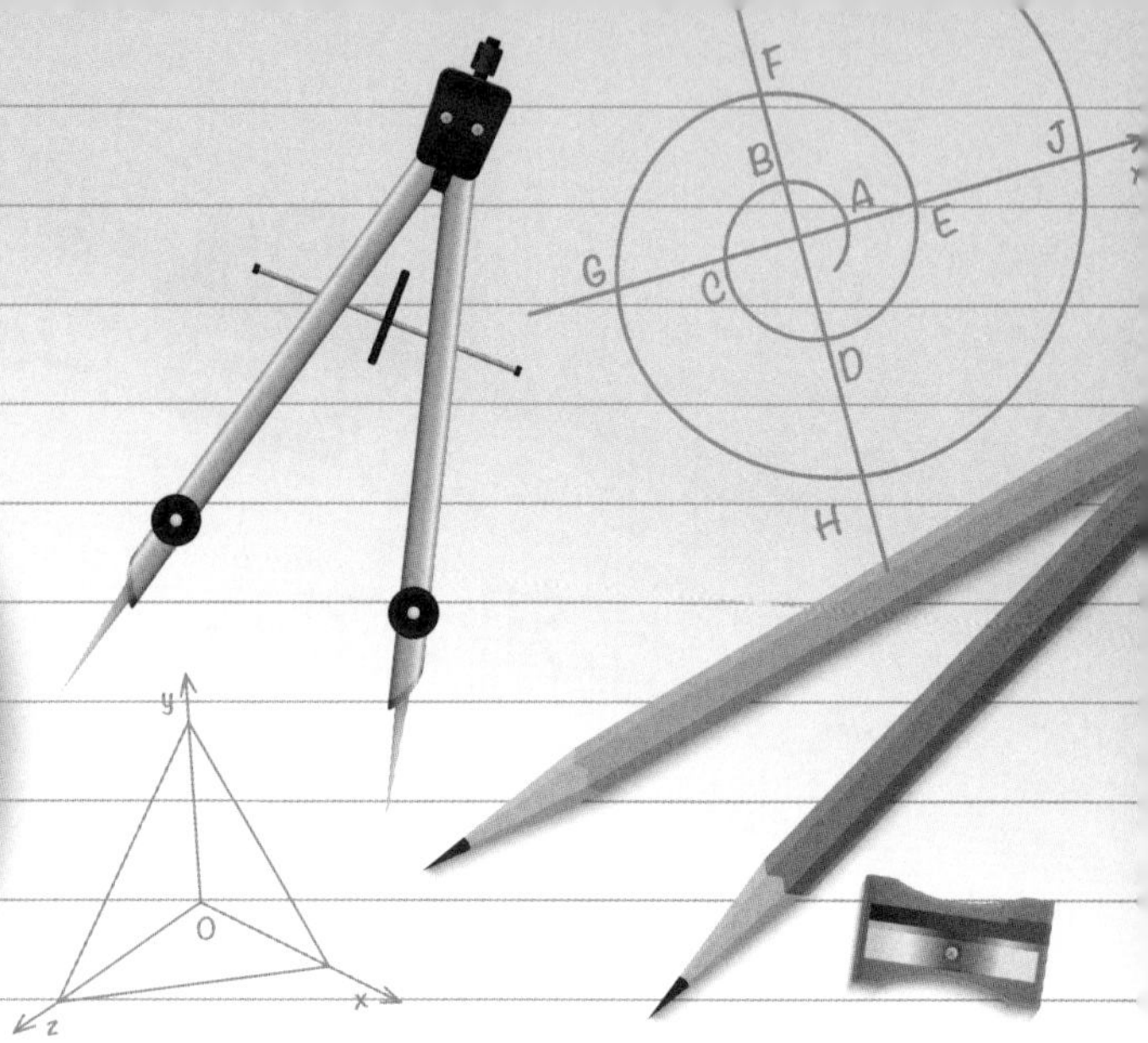

数学ランドへようこそ

ここ、数学ランドでは、毎月上級、中級、初級と3つのレベルの問題を出題しています。各問題に生徒たちが答えていますので、どれが正解か考えてみてくださいね。

TEXT BY 湯浅 弘一

ゆあさ・ひろかず／湘南工科大学特任教授、NHK教育テレビ（Eテレ）高校講座に監修講師として出演中。

問題編

答えは96ページ

上級

20歳以上の大学生200人を対象に、飲酒と喫煙に関するアンケートを取りました。

その結果、飲酒すると答えた学生は125人、喫煙すると答えた学生は65人いました。

また、飲酒も喫煙も両方しないと答えた学生は45人でした。

このとき、飲酒も喫煙も両方すると答えた学生は何人でしょうか。

A

答えは…
35人
計算すると35人だよ～。

B

答えは…
100人
平均の100人だよ～。

C

答えは…
55人
200−125−65+45=
55人だよ～。

中級

受験の際によく耳にする“倍率”。倍率2.4倍の学校の受験者数が500人のとき、合格者は何人ですか？

A

答えは…
12人
簡単だよ。500人を2.4倍をして100で割ればいいから、500×2.4÷100=12人！

B

答えは…
208人
単純だよ。500人を2.4で割ればいいだけ。500÷2.4=208.3333…でおよそ208人！

C

答えは…
357人
複雑だよ。2.4倍のうちの元の1倍を引き算した1.4倍が合格者の比率だから、500÷1.4=357人！

初級

降水確率の30%ってどういう意味ですか？

A

答えは…
30%という予報が100回発表されたときに、そのうち30回は1㎜以上の雨が降るということ。

B

答えは…
最近10年間の同じ日時の気象データから3年以上同じ天気であったことを元に判断した雨の降る確率のこと。

C

答えは…
1日24時間の30%だから、24時間×0.3=7.2時間。つまり1日の7時間ほどは雨が降るってことだよ。

上級

正解は A

問題文に出た条件と数値を視覚化して整理しましょう。以下の表をカルノー表（カルノー図）といいます。

求めるのは？の部分です。

	喫煙○	喫煙×	合計
飲酒○	？	（う）	125
飲酒×		45	（あ）
合計	65	（い）	200

まず、（あ）はタテに見て（あ）＝200－125＝75

次に（い）はヨコに見て（い）＝200－65＝135

すると表が以下のように埋まり、

	喫煙○	喫煙×	合計
飲酒○	？	（う）	125
飲酒×		45	75
合計	65	135	200

（う）の部分がタテに見て135－45＝90ですから

？＋（う）＝125から、？＝125－90＝35人です。

A
やったね!!
B
なんで文章に出てこない平均を使うの？
C
書いてある数字を並べただけだね（笑）。

中級

正解は B

倍率2.4倍ということは、受験生2.4人に対して１人合格と1.4人不合格の割合のことだから、合格者と不合格者の人数の比は1：1.4≒5：7。

したがって500人の$\frac{5}{5+7}=\frac{5}{12}$倍で、$500\times\frac{5}{12}=208.3333\cdots$。

2.4人に１人は合格するので、受験者数を倍率で割る。

つまり受験者数÷倍率＝合格者数なのです。

A
そのまま掛け算するならわかるけど、それをなぜ100で割る？
B
やったね!!
C
計算が違うし、元の１を引くって不合格者のことじゃない？

初級

正解は A

これは統計の取り方の問題で、感覚的なことではないのです。Aさんの答えの通りで、降水確率30％というのは30％という予報が100回発表されたときに、そのうち30回は１㎜以上の雨が降るということ。これが降水確率80％であれば80％という予報が100回発表されたときに、そのうち80回は１㎜以上の雨が降るということなんです。

A
やったね!!
B
それっぽく語っているけど違うね。
C
残念！　時間は関係ないんだよ。

部室を取り戻せ！ 節子と美術部の仲間たちの奮闘劇

今月の1冊

『アート少女』
根岸節子とゆかいな仲間たち

著者／花形みつる
刊行／ポプラ社
価格／560円＋税

一見地味な部に、じつは個性豊かな生徒たちが集まっていて…というのは、学校ものの小説によくある設定だが、今回紹介する『アート少女』もまさにそう。主人公・根岸節子が通う中学校で有名な部活動の1つに美術部がある。

これまで、様々なコンクールや展覧会でいくつもの受賞歴を誇ってきたからだ。

そんな栄光の美術部も、偉大なる先輩たちが卒業したあと、たまたま1つ下の2年生に1人も部員がいなかったため、2年生になったばかりの節子が部長を継ぐことに。

しかし、急に活力がなくなった部からは、あっという間に部員たちが減っていき、夏休みに入る前には、なんと、節子とやる気のない副部長・狩野芳子の2人だけになってしまった。

さらに受難は続く。

新しくやってきた校長先生は、県の学力試験での平均点アップを打ち出す。そのために授業時間や補習の増加などを実行に移し、補習教室確保の標的にされたのが、美術部の部室だった。

1年生2人（この2人がまた個性的）が新入部員として入部していたものの、それでも部員は4人。新しい実績もないため、抵抗を試みるものののあえなく追い出されてしまった。

部室がなくなってもどこ吹く風のほかの3人を引き連れて、1人、部の名誉と部室の挽回を誓う節子。

ただ、てんでバラバラの方向を向いていそうな部員たちにも、1つだけ共通していることがあった。それはアートが大好きという気持ち。この1点だけを媒介に、紆余曲折を経たあと、思いもよらぬ方向へとずれながらも、美術部は部室を取り戻すべく突き進んでいく。

なかなかキャラの濃い部員ばかりだけど、周りからどう思われようと、好きなこと、やりたいことに正直に、そして、曲げたくない信念は曲げずに突っ走る姿から、読者それぞれに感じられることがきっとあることだろう。

行って、見て、楽しむ

イベント掲示板

3月～5月

1 すべてが日本初公開！

ロンドン・ナショナル・ギャラリー展

3月3日（火）～6月14日（日）
国立西洋美術館

「西洋絵画の教科書」といわれるほど、質の高い美術コレクションで知られるイギリスのロンドン・ナショナル・ギャラリー。本展は200年近い歴史を有する同館が大規模な所蔵作品展を館外で初開催、しかも61作品すべてが初来日というなんとも貴重な展覧会です。日本初公開のフェルメールやゴッホらの傑作をぜひご覧ください。 P 5組10名様

2 権力者が愛した名作とは

ボストン美術館展　芸術（げいじゅつ）×力（ちから）

4月16日（木）～7月5日（日）
東京都美術館

エジプトのファラオ、ヨーロッパの貴族、日本の天皇や大名といったかつての権力者たちが、ときに愛し、ときに政治や外交に利用した様々な芸術品（絵画・彫刻・ジュエリーなど）がアメリカ・ボストン美術館からやってきます。とくに注目は里帰りする「二大絵巻」と「孔雀図」。海を渡った日本の名作を見るまたとない機会です。 P 5組10名様

3 みんな大好き和食に迫る

特別展
和食 ～日本の自然、人々の知恵～

3月14日（土）～6月14日（日）
国立科学博物館

私たち日本人にとって身近な存在であり、2013年にユネスコ無形文化遺産に登録されて以降、世界からも注目を浴びるようになった「和食」。和食に使われる魚、野菜、海藻などの食材を、実物標本や模型、映像で科学的に解説する「和食食材図鑑」をはじめ、「和食の歴史」「未来の和食」といった多角的な視点から和食の魅力に迫ります。 P 5組10名様

4 なつかしくてあたらしい風景

ピーター・ドイグ展

2月26日（水）～6月14日（日）
東京国立近代美術館

「ロマンティックかつミステリアスな風景を描く画家」として、いま、世界で最も重要なアーティストの1人とされるピーター・ドイグの日本初個展。ドイグの作品の特徴は、有名な絵画や映画などから着想を得たイメージを用いながら、だれも見たことのない「なつかしくてあたらしい」風景が描かれていること。幅3mを超える超大型作品も必見です。

1 フィンセント・ファン・ゴッホ《ひまわり》1888年 油彩・カンヴァス 92.1×73cm ©The National Gallery, London. Bought, Courtauld Fund, 1924 **2** 増山雪斎《孔雀図》江戸時代、享和元年（1801）Museum of Fine Arts, Boston, Fenollosa-Weld Collection All photographs © Museum of Fine Arts, Boston **3** 野菜や魚介類など250点以上の標本や模型が並ぶ展示室（イメージ） **4**《ガストホーフ・ツァ・ムルデンタールシュペレ》2000-02年、油彩・キャンバス、196×296cm、シカゴ美術館蔵 ©Peter Doig. The Art Institute of Chicago, Gift of Nancy Lauter McDougal and Alfred L. McDougal, 2003. 433. All rights reserved, DACS & JASPAR 2020 C3120

招待券プレゼント
Pマークのある展覧会・イベントの招待券をプレゼントします。101ページ「パズルでひといき」にあるQRコードから、または巻末（104ページ）のFAX送信用紙でご応募ください（応募締切2020年4月15日）。当選者の発表は賞品の発送をもってかえさせていただきます。

12月号の答えと解説

問題 最短の長さは？

１辺の長さが６cmの正四面体と、各辺を３等分する点があります。

左下の図のように、１つの頂点に近い３つの３等分点を通る平面で頂点を含む部分を切り取ります。

右下の図は、上と同様にして、残りの頂点を含む部分を切り取ってできた立体を表しています。

この右下の図において、点Ａから出発して辺の上を進み、すべての頂点を通って再び点Ａに戻る最短の経路は何cmになりますか。

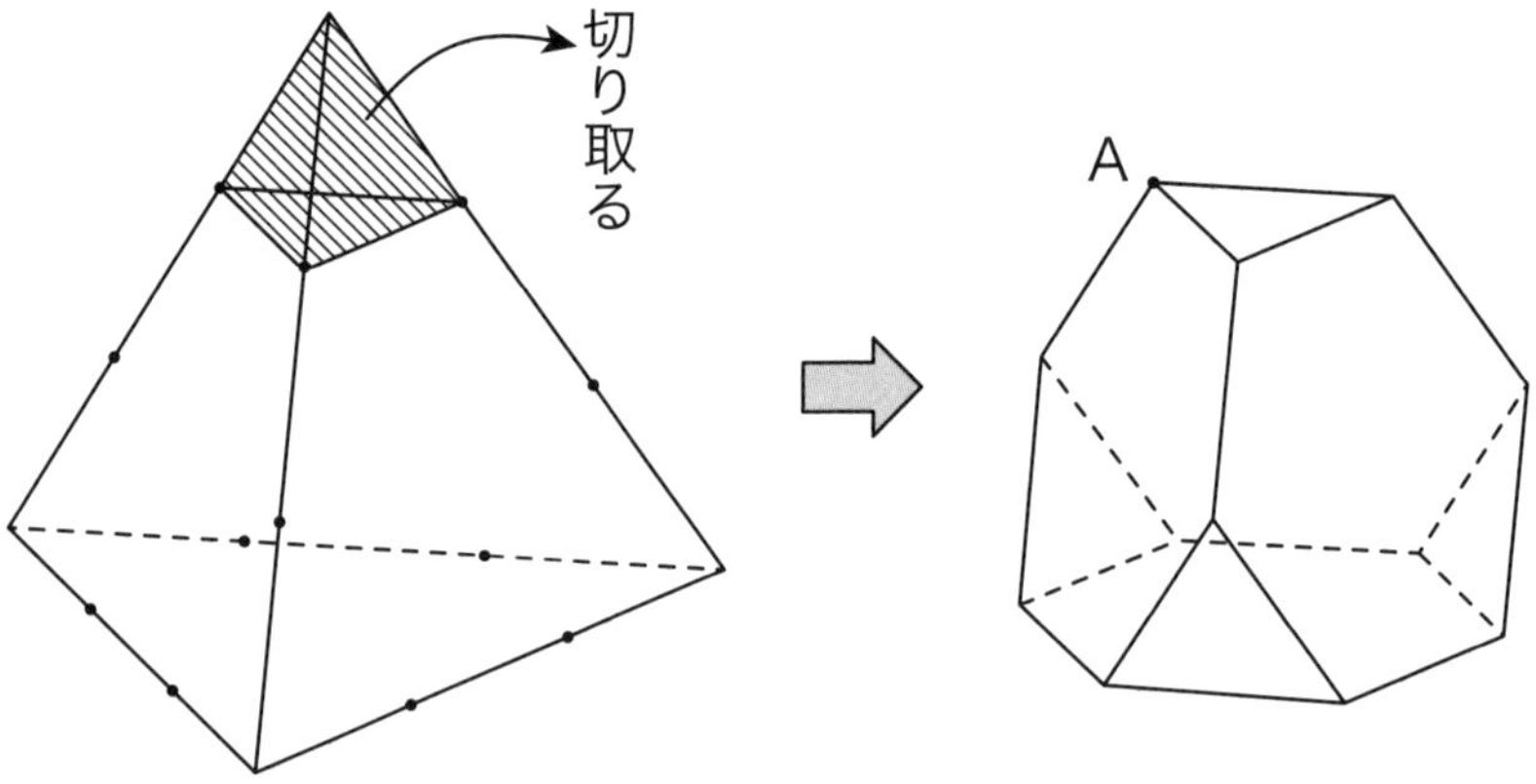

解答 24cm

解説

１つの頂点から隣の頂点に進むには必ず１つの辺を通ります。したがって、点Ａから出発して、同じ頂点を２度通らずに、すべての頂点を通って再び点Ａに戻ることができれば、それが最短の経路となります。

右はその経路の一例で、最短経路は１通りではありませんが、同じ頂点は２度通らないため、最短経路の長さはどの経路も等しくなります。すなわち、頂点の数が３×４＝12個あるので、進む辺は12で、また、立体の辺はすべて２cmですから、最短経路の長さは、２×12＝24cmになります。

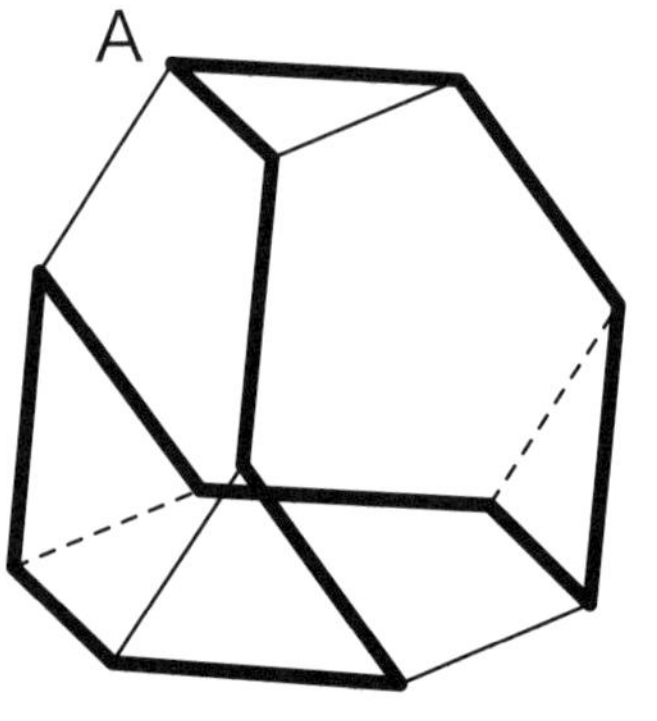

12月号パズル当選者（全正解者18名）

久保田　翔己さん（中３・埼玉県）　小澤　杏樹さん（中２・東京都）　七里　佳奈英さん（中２・神奈川県）

解いてすっきり

パズルでひといき

今月号の問題

マスターワード

？に入る文字を推理するパズルです。☆は？に入る文字が使われていますが、入る位置が違うことを表しています。☆１個は１文字です。★は入る位置も正しく使われています。また、単語は、BOOKやEVERYのように、同じ文字が含まれていることはありません。

【例】次の？？？にあてはまる３文字の英単語を答えなさい。

？？？

①	CAT	☆☆
②	EAT	☆☆
③	SEA	☆☆
④	USE	★

【解き方】
③と④を比べると、Aが使われていて、Uは使われていないことがわかり、さらに②、③から、Aは１文字目です。
次に、④でSが使われているとすると、Eは使われていないことになり、②からTが使われていることになります。ところが、④からSは２文字目の位置になるから、Tの位置が①、②と矛盾します。
よって、④ではEは使われていることになり、②からTが使われていないことになります。
こうして推理を進めていくと？？？は“ACE”ということがわかります。
それでは、この要領で次の問題を考えてみてください。

【問題】次の？？？？？に当てはまる５文字の英単語は何でしょうか？

？？？？？

①	LAUGH	★☆☆
②	QUIET	☆☆☆
③	TABLE	☆☆☆
④	BREAK	★☆
⑤	APRIL	★☆

ヒント：①、②を比べると、５文字の単語であることから、使われているアルファベットの種類が絞られます。

今月のプレゼント！

機能的な曲がった定規

４名さまに

曲がった形が特徴的な**「アーチルーラー」**（アッシュコンセプト）は、指で真ん中を押さえることで紙が固定され、ぶれずに直線が引けるという斬新な定規です。平らな場所でも取り上げやすく、インクのにじみも防げます。

応募方法

左のQRコードまたは104ページからご応募ください。
◎正解者のなかから抽選で４名の方に右の**「アーチルーラー」**をプレゼントいたします。
◎当選者の発表は本誌2020年８月号誌上の予定です。
◎**応募締切日 2020年4月15日**

読者が作る おたよりの森

テーマ
春休みにやりたいこと

高３の兄と**プリクラ**を撮りたいです。中学生になって部活動や勉強で忙しくなり、家族と過ごせる時間が減ってしまったので、春休みでは大切にしたいです。
（中２・りゅうせいちゃんさん）

中学で部活動ができる最後の年なので、新入生が入る前に**たくさん練習**してうまくなっておきたい。
（中３・みっぽさん）

好きなメロディーをヴァイオリンで弾くのと一人旅が好きなので「**メロディー探しの旅♪**」をしたい！
（中２・頭のなかはテイクダウンせきそんさん）

友だちと**イチゴ狩り**に行く予定なので、全力で食べて楽しみます！
（中１・練乳たっぷり派さん）

部屋の片づけ。受験生になるから、まずは**部屋をきれい**にして勉強がしやすい環境を作る！
（中２・のんたんさん）

友だちと**VRで遊べる施設**に行きたい！　釣りとかスキーとかがVRでできるらしいです！
（中１・ぶいぶいさん）

テーマ
あったらいいなこんな自販機

ビニール傘の自販機！　夕方になっていきなり雨が降ってきたときなど、傘を持っていないことが多いから。これが駅などに１つ置いてあると、帰るときに濡れなくて済むのでありがたい！
（中２・みくもさん）

『ドラえもん』の秘密道具が出てくる販売機。
（中１・R.M.さん）

宿題の答えが出てくる自販機。１カ月に１回だけ使っていいよ、みたいなのがあったらいいのに…。
（中１・英語が苦手さん）

ソフトクリームの自販機。アイスのはあるけど、ソフトクリームはないですよね？　大好物なので！
（中１・コーン派さん）

ポケットティッシュが買える自販機、できないかなー。花粉症の時期は鼻水が止まらなくなるので。
（中３・くるとんさん）

からあげとかの**ホットスナック**が、温かい状態で出てくる自販機。夜に勉強をしているとたまに無性に食べたくなるので、家の近くにほしい。
（中２・とりにくLOVEさん）

テーマ
高校で入りたい部活動

ボート部です。軟弱なぼくでも、ボート部に入ればムキムキな男のなかの男になれるはず！
（中２・むっきーさん）

剣道部。『鬼滅（きめつ）の刃（やいば）』にはまってて、自分も剣術をきわめたいと思ったから。
（中２・ジャンプ大好きさん）

茶道部です。お茶を飲むだけじゃなくて、お菓子も食べられるんですよね？　最高じゃないですか！
（中１・H.I.さん）

友人と同じ高校に合格できたら、２人で**英語部**を立ち上げたい！
（中３・桜咲け！　さん）

美術部。文化祭を見に行ったとき、美術部が描いた看板がとても素敵だったので。
（中３・K.Eさん）

必須記入事項

名前／ペンネーム／学年／郵便番号／住所／本誌をお読みになっての感想／投稿テーマ／投稿内容

右のQRコードからケータイ・スマホでどしどしお寄せください！
住所・氏名は正しく記入してください

Present!! 掲載された方には抽選で３名に**図書カード**をお届けします！（500円相当）

募集中のテーマ

あなたの得意技教えて！
先生に言いたいこと
好きな乗りもの

応募〆切2020年４月15日

ここから応募してね！

ケータイ・スマホから
上のQRコードを
読み取って応募してください。

掲載にあたり一部文章を整理することもございます。個人情報については、図書カードのお届けにのみ使用し、その他の目的では使用いたしません。

夢が広がる高校選びの情報満載！

Success15

4月号

表紙：筑波大学附属高等学校

FROM EDITORS 編集室から

もうすぐ進級の時期ですね。学年が変わると、気分も一新して新しいことを始めたくなりませんか。そうした気持ちが勉強のきっかけになるかもしれません。

今号の12ページからは、北海道と沖縄県を紹介する特集を組んでいます。私は個人的にも、タイトル通り「知っているようで知らない」ことがあり、北海道と沖縄県について改めて興味を持ちました。みなさんにも、もっと知りたいと感じてもらえると嬉しいです。

『サクセス15』は、高校受験についての情報を掲載するのはもちろん、みなさんの知的好奇心を刺激するようなページを作っていきたいと考えています。ぜひ楽しんで読んでください。 (S)

Next Issue 6月号

Special 1

受験生 これからの1年間

Special 2

気象の 仕組みに迫る

Special School Selection

公立高校WATCHING

突撃スクールレポート

研究室にズームイン

※特集内容は変更されることがあります。

Information

『サクセス15』は全国の書店にてお買い求めいただけますが、万が一、書店店頭に見当たらない場合は、書店にてご注文いただくか、弊社販売部、もしくはホームページ（104ページ下記参照）よりご注文ください。送料弊社負担にてお送りします。定期購読をご希望いただく場合も、上記と同様の方法でご連絡ください。

Opinion, Impression & ETC

本誌をお読みになられてのご感想・ご意見・ご提言などがありましたら、104ページ下記のあて先より、ぜひ当編集室までお声をお寄せください。また、「こんな記事が読みたい」というご要望や、「こういうときはどうしたらいいの」といったご質問などもお待ちしております。今後の参考にさせていただきますので、よろしくお願いいたします。

サクセス編集室 お問い合わせ先
TEL：03-5939-7928　FAX：03-3253-5945

今後の発行予定

5月15日 2020年6月号	9月15日 2020年10月号
7月15日 2020年8月号	10月15日 秋・増刊号
8月15日 夏・増刊号	11月15日 2020年12月号

FAX送信用紙

※封書での郵送時にもコピーしてご使用ください。

101ページ「マスターワード」の答え	99ページ「招待券プレゼント」 1. ロンドン・ナショナル・ギャラリー展 2. ボストン美術館展　芸術×力 3. 和食 ～日本の自然、人々の知恵～ (いずれかを選んで○をしてください)

氏名

学年

住所（〒　　　－　　　）

電話番号

(　　　　　　)

現在、塾に

通っている　・　通っていない

通っている場合

塾名

(校舎名　　　　　　　)

面白かった記事には○を、つまらなかった記事には×をそれぞれ3つずつ(　)内にご記入ください。

(　) 02 どうなる？ こうなる！ 東京都の中学校英語 スピーキングテスト
(　) 09 「使える英語」で君はどう変わるか
(　) 12 知っているようで知らない日本 北と南を旅して学ぼう
(　) 18 Special School Selection 筑波大学附属高等学校
(　) 24 受験英語×オンラインレッスン 早稲田アカデミーの 新しい英語教育が始まる
(　) 28 公立高校WATCHING 東京都立国際高等学校
(　) 33 東京都教育庁・ 瀧沢指導推進部長に聞く
(　) 48 突撃スクールレポート 國學院高等学校
(　) 50 スクペディア 専修大学附属高等学校
(　) 51 スクペディア 東京純心女子高等学校
(　) 52 スクペディア 鶴見大学附属高等学校
(　) 53 受験生のための明日へのトビラ
(　) 54 高校教育新潮流 「国際バカロレア」ってなに？
(　) 56 和田式受験コーチング
(　) 58 高校受験質問箱
(　) 60 レッツトライ！ 入試問題
(　) 62 中学生の未来のために！ 大学入試ここがポイント
(　) 64 東大入試突破への現代文の習慣
(　) 68 こちら東大はろくま情報局
(　) 70 キャンパスデイズ十人十色
(　) 74 研究室にズームイン 立教大学 亀田 真吾 教授
(　) 81 ちょっと得する 読むサプリメント
(　) 82 なぜなに科学実験室
(　) 86 マナビー先生の最先端科学ナビ
(　) 88 ミステリーハンターQの タイムスリップ歴史塾
(　) 89 ピックアップニュース！
(　) 90 名字の豆知識
(　) 92 サクセス映画館
(　) 93 サクセス印のなるほどコラム
(　) 94 数学ランドへようこそ
(　) 98 Success Book Review
(　) 99 行って、見て、楽しむ イベント掲示板
(　) 100 解いてすっきり パズルでひといき
(　) 102 読者が作る おたよりの森

FAX.03-3253-5945

FAX番号をお間違えのないようお確かめください

サクセス15の感想

高校受験ガイドブック2020 [4] Success15

発　行：2020年3月18日 初版第一刷発行
発行所：株式会社グローバル教育出版　〒101-0047 東京都千代田区内神田2-5-2 信交会ビル3F
ＴＥＬ：03-3253-5944
ＦＡＸ：03-3253-5945
Ｈ　Ｐ：http://success.waseda-ac.net/
e-mail：success15@g-ap.com

郵便振替口座番号：00130-3-779535
編　集：サクセス編集室
編集協力：株式会社 早稲田アカデミー

【個人情報利用目的】ご記入いただいた個人情報は、プレゼントの発送およびアンケート調査の結果集計に利用させていただきます。

岡山大学入門講座
2023

岡山大学入門講座2023
テキスト編集委員会